LA MAGIA DE ESTAR PRESENTE

SIN CAOS, ESTABLE Y CONSCIENTE

Ana Paula Domínguez

Grijalbo

La magia de estar presente
Sin caos, estable y consciente

Primera edición: junio, 2019

D. R. © 2019, Ana Paula Domínguez

D. R. © 2019, derechos de edición mundiales en lengua castellana:
Penguin Random House Grupo Editorial, S. A. de C. V.
Blvd. Miguel de Cervantes Saavedra núm. 301, 1er piso,
colonia Granada, delegación Miguel Hidalgo, C. P. 11520,
Ciudad de México

www.megustaleer.mx

ISBN: 978-607-317-823-5

Impreso en México – *Printed in Mexico*

El papel utilizado para la impresión de este libro ha sido fabricado a partir de madera procedente
de bosques y plantaciones gestionadas con los más altos estándares ambientales, garantizando
una explotación de los recursos sostenible con el medio ambiente y beneficiosa para las personas.

Penguin
Random House
Grupo Editorial

A mi mamá, quien me llevó a la primera sesión de yoga cuando era niña y sembró así una semilla que hasta hoy sigue presente y viva

A mi hijo Elías, mi inspiración y motor en la vida

A mi maestro Guru Dev Singh, quien me ha enseñado el arte de poner atención

A todos aquellos que están en la búsqueda

ÍNDICE

PRÓLOGO

Conozco a Ana Paula desde hace muchos años. He visto su devoción hacia su maestro, Guru Dev Singh, y el respeto que profesa por la sabiduría sagrada de todas las tradiciones. Me alegra que este libro sea una expresión de su propia práctica y experiencia. El mundo moderno ofrece demasiadas herramientas para nuestro uso y beneficio, pero estas herramientas normalmente también son una distracción que nos aleja de nosotros mismos y nuestra esencia. La tecnología y el trabajo no sólo tienen la habilidad de distraernos, sino que también nos mantienen tan ocupados que ni siquiera nos damos cuenta de que hemos dejado a un lado nuestra conciencia. ¡No somos conscientes de nuestra conciencia!

Cuando reconectamos con nuestros cuerpos, nuestras palabras y pensamientos —a nuestra propia experiencia de quienes somos— todo se vuelve posible. Esta conexión es la fuente del amor, de la creatividad, la compasión y la transformación personal. Es nuestra inspiración y nuestra guía a través de las alegrías y las tristezas en nuestra vida. Ser quienes somos nos abre a un espacio sin fronteras de completud que trasciende todas nuestras esperanzas y miedos. Este espacio nos permite ser completamente aquí y ahora. ES la presencia misma.

Los invito de corazón a practicar lo que Ana describe. Da claros consejos sobre cómo redescubrir el ser sagrado que reside no sólo en nosotros, sino en todos los seres humanos. Toma tiempo, no sólo una vez, sino todos los días, desconcectarnos de las redes sociales, la televisión, los mensajes instantáneos, las reuniones y los horarios, para solamente SER. Con una práctica regular y diaria, aunque sea sólo por unos minutos por la mañana y otros pocos por la noche, podrás encontrarte en lo mejor de su ser. ¡Te sorprenderá conocer a la persona que está en ti cuando pases tiempo contigo!

Con todas mis bendiciones,

TENZIN WANGYAL RINPOCHE

INTRODUCCIÓN

Lo escucho siempre: no tengo tiempo. No tengo tiempo para hacer ejercicio. No tengo tiempo para meditar. No tengo tiempo para descansar. No tengo tiempo para hacer lo que quiero. No tengo tiempo para examinar mi vida. No sé qué hacer.

Para muchos de nosotros, el primer pensamiento que tenemos al despertar es: "No dormí suficiente". El siguiente es: "No tengo suficiente tiempo". Sea verdadero o no, el pensamiento de *no tener suficiente* ocurre automáticamente antes de que nos detengamos a cuestionarlo o a examinarlo. Pasamos horas del día de nuestra vida escuchando, explicando, quejándonos o preocupándonos sobre lo que no tenemos, o pensamos que lo que tenemos no es suficiente. "No tenemos suficiente trabajo o dinero o poder o tiempo; no somos lo suficientemente delgados o inteligentes o perfectos o educados o ricos, nunca".[1]

Lynne Twist explica al respecto: "Lo que inicia como una expresión de una vida agitada, proveniente de los retos de la vida, crece siendo nuestra justificación para una vida insatisfecha".[2]

---

[1] Brené Brown, *The Gifts of Imperfection*, p. 83.
[2] Lyne Twist, *The Soul of Money*, p. 35.

Estamos viviendo en una era en donde la tecnología, la sobreestimulación a la que estamos expuestos mediante videos, espectaculares, mensajes y notificaciones que llegan sin cesar a nuestros teléfonos, junto con el exceso de información abrumadora y difícil de digerir, nos distraen.

El entorno en el que vivimos está desequilibrado, estamos alejados de la naturaleza, descuidando el planeta y a nosotros mismos.

La economía de consumo agrava nuestra necesidad de controlar el mundo, de gratificación e indulgencia ilimitadas, nos lleva a extremos que desencadenan estados de irritabilidad, de perfeccionismo, de competitividad, de control extremo, de compulsión, perdiendo así nuestra capacidad de moderarnos, de autorregularnos.

El sistema de alimentación nos ofrece opciones que no necesariamente son las más saludables, que son poco naturales; alimentos hechos en el laboratorio, que cuando los consumimos automáticamente tienden a enfermarnos en todos los sentidos. Perdemos la vitalidad pero ni siquiera nos damos cuenta de que la hemos perdido. Al mismo tiempo, nuestros médicos alópatas buscan tratar las enfermedades más que prevenirlas, y usan un tratamiento único para curar cada enfermedad, sin ver la magia de la unicidad de cada ser humano.

Estamos más conectados a nivel digital, pero más desconectados a nivel humano. Atrás va quedando nuestra salud, nuestra capacidad de asombro, de contemplación, de no hacer nada, de ser. ¿Cómo aprender a comprender el maravilloso entramado único que es nuestra vida compuesta de mente, emociones, sentidos, cuerpo y conciencia? ¿Cómo recuperar nuestra atención para cuidar lo más valioso que tenemos, que es la vida?

En *La magia de estar presente* encontraremos herramientas para:

- observar nuestro proceso mental-emocional para aprender a aquietar la mente;
- salir del caos y recuperar la calma;
- autorregularnos en lugar de dejarnos ir ante la compulsión;
- recuperar la vitalidad en la vida y nuestro propósito esencial;
- organizarnos;
- responder en lugar de reaccionar y manejar nuestras emociones;
- desarrollar la habilidad de ser testigos de nuestro proceso mental, ya que la mente nos acerca o nos aleja del propósito de ser vitales y saludables;
- recuperar nuestra presencia para tener mayor vitalidad mental y claridad.

Para esto regresaremos la mirada principalmente al Ayurveda, el sistema de bienestar de la India que surgió hace miles de años y que hoy más que nunca está vigente. Lo primero que haremos es identificar en dónde nos impacta el sistema, qué nos favorece y qué nos afecta de él. Reconectaremos con nuestra visión y propósito esencial paso a paso. Recuperando nuestra presencia, haremos la magia.

Enseguida observaremos el entorno en el que vivimos y aceptaremos lo que hay, lo que somos, lo que es. Reconoceremos que el mundo actual se encuentra bastante atribulado. Las posibilidades económicas que hoy tenemos son menores que las que tenían nuestros padres; las altas demandas a las que nos tenemos que someter para acceder a una vida holgada son cada vez mayores y provocan que nuestro estilo de vida sea irregular, tóxico, automatizado.

Como me dijo alguna vez Gurmukh Khalsa, una querida amiga y extraordinaria maestra de Kundalini Yoga: "Mira esos pájaros adentro de la jaula. Están ahí, muy cómodos, les han cortado sus alas. Les dan de comer y tienen una buena vida, pero no pueden volar, no son libres".

Encontremos el camino hacia nosotros mismos; vayamos de regreso a casa, poco a poco, observándonos, dándonos espacio para reconocer nuestra visión, nuestra intención, nuestro propósito, para ser libres. ¿Estás dispuesto a des-configurarte, a aventarte un clavado a las profundidades de ti mismo, a recuperar tu presencia en la vida?

Las posibilidades son infinitas. Hagamos nuestra parte. Las respuestas están adentro, no afuera.

Con respeto y gratitud.

Ana Paula (li) Domínguez

CAPÍTULO I

El entorno

Vivimos en un mundo sobrecargado a nivel sensorial. Estímulos visuales que nos impactan todo el tiempo como los espectaculares en las calles, las imágenes que aparecen una tras otra en la televisión, las luces de las patrullas y las ambulancias que transitan por la ciudad; estímulos auditivos como las bocinas de los coches, los teléfonos celulares, las notificaciones de las redes sociales, el ruido en general.

Estamos sobreestimulados en muchos sentidos. El internet, por ejemplo, nos ofrece una multiplicidad de contenidos que nunca acabaríamos de leer si estuviéramos dispuestos a sólo vivir en la web.

"Tenemos capacidad de concentración, pero la vivimos en un contexto en el que estamos continuamente moviéndonos de un estímulo al siguiente para intentar experimentar la dopamina que produciremos al recibir un correo esperado, comprobar cuántos retuits tenemos, o cuántos *likes* recibimos en nuestra foto."[1] Sin embargo, pagamos un precio por todo ello. Revisamos el teléfono cientos de veces al día y consumimos todo lo que nos ofrece esta máquina abrumadora. Hoy

---

[1] Sam Harris, "The Minimalism".

podemos estar conectados con tres personas que viven en diferentes continentes y vernos en una pantalla, pero cada vez más desconectados del contacto con un ser humano piel con piel.

En un restaurante observamos a la mayor parte de los comensales con la cabeza inclinada, absorta en sus aparatos electrónicos; pendientes de las pantallas mientras se ejercitan, comen, caminan, idos ante las imágenes que hoy nos hacen menos libres. Vemos a niños que hablan con otros niños a través de sus consolas de videojuegos, pero no juegan juntos. Observamos a bebés hipnotizados ante la tablet que les han puesto enfrente para que "se distraigan" mientras los padres comen tranquilos o también miran sus teléfonos. ¿Cuánto tiempo del día estamos expuestos a esta sobreestimulación electrónica?, ¿cuánta energía nos quita? ¿No sería mejor hacer una cita y platicar cara a cara con alguien que nos importa, darle un abrazo, escucharlo, sentirlo? ¿Qué tan sobrecargada está nuestra vida de estímulos del exterior que nos sacan de nuestra calma interior?, y ¿cómo podemos mantener la paz en medio del caos?, ¿cómo aprender a vivir cada momento de la vida tal y como es? ¿Estamos dispuestos a vivir una vida sin exceso de estimulación, a apagar la demencia digital a la que nos exponemos en ciertos momentos y espacios?

Es necesario ganar maestría sobre las influencias externas, y para lograrlo podemos elegir una o varias de las siguientes opciones:

- Desactivar las notificaciones de nuestro teléfono.
- Poner en silencio el teléfono. Antes no teníamos un teléfono todo el tiempo y la vida seguía. Podemos optar por voltear a ver lo que sucedió en nuestro teléfono cada hora

o cada determinado tiempo, y así recuperamos la posibilidad de estar atentos a lo que estamos haciendo, ya sea conversar, leer, contestar un correo. De este modo nos entrenamos para estar presentes haciendo una cosa a la vez.

- No hay que tener miedo de no ver todos los videos y la información a la que estamos expuestos a través de las redes sociales. Podemos dedicar momentos específicos del día para eso y suprimir en otros nuestra exposición a la información.
- Escuchar música clásica o una que nos relaje.
- Crear impresiones positivas como ver las flores o prender un incienso.

Vivimos en un sistema al que me gusta llamarle "la maquinaria abrumadora", al que todos estamos expuestos, el cual tiene sus aciertos y sus debilidades.

No está en manos de una persona cambiar algo que viene funcionando igual desde hace cientos de años, sino que los cambios se van dando poco a poco, de generación en generación. Lo que sí podemos hacer es elegir lo que nos conviene del sistema y lo que no. Así pues, veamos a lo que estamos expuestos, cómo nos afecta y cómo podemos tomar decisiones que sean más favorables para nuestro bienestar. La forma de hacerlo será recuperando nuestra presencia en el mundo.

EL SISTEMA DE DISTRACCIÓN

¿Con frecuencia estás distraído? ¿Te sucede con facilidad? ¿Sabías que hay toda una maquinaria turbia de la que no se habla? Es el sistema de la distracción.

Vivimos ensimismados y esto es una consecuencia del sistema, que utiliza la distracción como una estrategia de manipulación social, lo que el lingüista Noam Chomsky definió como "la estrategia de la distracción". El sistema nos mantiene distraídos proponiéndonos ser hedonistas e indulgentes hasta que caemos en comportamientos compulsivos. Entonces se manifiesta la compulsión a comprar, a pasar horas en los videojuegos, la adicción a la pornografía, a las bebidas alcohólicas, a los fármacos, a las drogas, a las compras por internet, a las series de televisión, a la comida ultrasana, al ejercicio, a las relaciones tóxicas, a comer en exceso o a no comer, a recibir *likes* de lo que subimos a las redes sociales o a inventarnos una vida que no es real, usando filtros y publicando los momentos "bonitos" de la vida, esos que deberíamos de tener pero que no necesariamente son reales.

Nos quejamos de que existe violencia, pero ella es nuestra "distracción": está en las películas infantiles, en las de adolescentes, en las de los adultos, en los videojuegos, en las series de televisión. Nos quejamos de los altos niveles de adicción, pero nos ofrecen todo el tiempo formas de volvernos adictos: es socialmente aceptado tomar bebidas alcohólicas e incluso puede ser mal visto no tomarlas.

Y así, nos vemos imbuidos en el sistema de la distracción, que abarca:

- Lo que nos distrae, pero nos atrae.
- Lo que nos atrae y que luego no podemos regular.
- Lo que nos atrae y a lo que comenzamos a dar espacio en nuestra vida.
- Lo que nos atrae y lo que nos distrae hasta la compulsión.

- Lo que nos atrae y nos hace daño.
- El mundo en donde estamos sobreestimulados, conectados a un cierto nivel, pero desconectados en otro.
- El mundo en donde "buscamos la paz", pero todo el tiempo se nos muestra la violencia.

El mundo actual de sobreestimulación e intensidad en donde todo lo tenemos a un clic de distancia, en donde los niveles de atención son cada vez menores, porque si no es lo suficientemente atractivo, lo ignoro; en donde lo queremos todo aquí, ahora, de inmediato, porque si no, ni siquiera sé si podré regularme.

Y eso mismo es lo que nuestros niños viven a flor de piel todo el tiempo, porque nos ven actuar de ese modo en casa, porque siguen nuestro ejemplo, porque todo mundo les enseña lo mismo. Entonces, ¿cómo recuperamos nuestra presencia?

Es necesario despertar ya y no esperar a que nuestras atracciones se conviertan en distracciones y nuestras distracciones en compulsiones. "Los dos únicos poderes reales que tiene el ser humano son su atención (la capacidad de permanecer atento a su experiencia) y su intención (la capacidad de establecer un objetivo)."[2]

En pocas palabras, nos distraemos de lo que es importante. Como dice mi maestro espiritual Guru Dev Singh: "Estamos siempre distraídos, identificados con nuestra distracción. Por ello nuestra conciencia es inestable y resulta imposible mantener tanto la intención como la atención. Sólo con disciplina

---

[2] Singh Khalsa y Ambrosio Espinosa, *Sat Nam Rasayan. El arte de la curación*, p. 20.

se puede reducir esa distracción que nos condiciona desde el nacimiento".[3]

La cultura de Occidente nos invita a hacer, a producir, a hacer las cosas rápido, a ser eficientes, pero no nos enseña a estar. Y por hacer en demasía, nuestra salud mental y emocional se ven comprometidas; no sabemos cómo estar, porque nos sentimos aburridos, ansiosos, desesperados. No sabemos incluso enseñar a nuestros hijos a estar sin hacer nada, porque ni siquiera nosotros sabemos cómo hacerlo. Pero es momento de cambiar.

Hay que hacer, pero tener espacios para no hacer, para sólo estar.

LA ECONOMÍA DE CONSUMO Y EL ESTRÉS

Como decía en la introducción, las posibilidades económicas que hoy tenemos son menores que las que tenían nuestros padres; las altas demandas a las que nos tenemos que someter para acceder a una vida holgada son cada vez mayores. Estamos influidos por una sociedad de consumo en la que para muchos "valemos por lo que tenemos".

Estamos expuestos a todo tipo de publicidad para que compremos el teléfono nuevo con la última tecnología, y si no lo hacemos la compañía se encargará de hacer más lento el sistema de nuestro teléfono para que nos veamos obligados a comprar otro.

---

[3] *Ibid.*, p. 21.

Sam Harris, autor y especialista en neurociencia, explica que desgraciadamente estamos viviendo en tiempos en donde los deseos están totalmente relacionados con lo material. Es decir, compras algo que te había obsesionado, pero pasa un tiempo y sale una misma versión del mismo objeto nuevo y mejorado en decenas de aspectos y ya no te interesa el que tienes, y esto puede llegar a ser una fuente de insatisfacción. A veces creemos que al conseguir esos objetos tendremos una vida satisfactoria.[4]

Estamos expuestos a la publicidad con el objetivo de que vivamos la vida en el ahora, con intensidad y en el hedonismo máximo, con necesidades que son creadas, no reales. ¿En verdad necesitamos lo que nos invitan a comprar?

Nos enseñan a trabajar muy duro y a dedicar la vida al trabajo, porque así tendremos poder adquisitivo y podremos consumir más. Bingo.

Así vamos cayendo inmersos en la maquinaria del consumo y de la automatización: ritmos de vida sistematizados en donde corremos todo el día. Nuestra mente ocupada los 365 días del año, rumiando en los archivos del pasado o en los proyectos del futuro. Trabajando todos los días de la semana, por las noches, antes y durante las "vacaciones". Diciendo que sí a todo para "no perder la oportunidad" y tener más.

Pasan los días, meses y años de vivir la vida bajo cargas importantes de estrés con la tensión acumulada en distintas partes del cuerpo: hombros, cuello, cadera, rodillas. Aceptamos vivir en el modo de piloto automático.

Olvidamos que el estrés es el que eventualmente produce que los niveles de triglicéridos y colesterol suban, y que los altos

---

[4] Sam Harris, "The Minimalism".

niveles de éste pueden desembocar en enfermedades cardiacas; que puede producir desbalances en la tiroides, gastritis y tantas enfermedades más, así como generar ansiedad, insomnio y nerviosismo.

Para evitarlo, uno va al médico, le recetan tomar una "pastillita" diaria y listo, a seguir con la vida así como es. Y así pasa la vida. Parchando el síntoma sin ver la causa que está afectando nuestro sistema, nuestro vehículo de vida. Tomando medicamentos que curan una cosa, pero que ponen al hígado a trabajar a marchas forzadas; medicamentos que al final son ajenos a nuestra naturaleza. Hasta que el ser se cansa y reclama.

Cuando eso sucede, si no es demasiado tarde, es momento de recuperar nuestra presencia. Cuando el estrés se ha vuelto crónico, no necesariamente hay que renunciar a todo de inmediato, pero hay que tomar medidas radicales, dedicar unos días a que la naturaleza haga su trabajo para reconectar, antes de que los malestares se hagan peores y el desequilibrio mayor. Es momento de recuperar nuestra presencia.

Cuando el estrés se vuelve crónico es momento de tomar la decisión de abrazar nuestra vida tan valiosa y habitarla: poner de nuevo los pies en la tierra.

REFLEXIONES

♦ ¿Cuántas horas al día inviertes en ti?

♦ ¿Cuáles son tus mayores distractores?

♦ ¿En qué parte del cuerpo te afecta el estrés?

♦ Mentalmente, ¿cómo te afecta el ritmo de vida que tienes?

♦ De lo que estás haciendo ¿qué disfrutas más en tu vida?

♦ ¿En qué momentos de la vida te sientes más presente?

CAPÍTULO II

La mente y las emociones

LA MAGIA DE CONOCERNOS Y EL AYURVEDA

A cada uno nos afecta el entorno de distintas formas. Queremos aprender a manejar nuestro estrés, salir del piloto automático, recuperar nuestra presencia y para esto es necesario conocernos. La magia de estar presentes tiene que ver con establecernos en nuestros propios pies y conocernos.

Al entender los distintos aspectos que nos conforman, reconocer cómo funcionamos a nivel individual, cómo es la naturaleza de nuestro cuerpo, mente y emociones, podremos saber elegir cómo transitar en la vida.

Nuestros ancestros de la India, hace miles de años, a través de un proceso de contemplación observaron la naturaleza del ser humano y de todo lo que existe. De ahí viene el Ayurveda,[1] herramienta que es de gran ayuda para tomar decisiones que nos permitan entender lo que somos y cómo podemos recuperar nuestra atención, el equilibrio y mantenernos saludables.

---

[1] El Ayurveda nació en la India hace más de 6 000 años a través de la observación de la naturaleza. El término viene del sánscrito *ayur*, que significa vida, y *veda*, que significa conocimiento: "el conocimiento o ciencia de la vida".

En pocas palabras, nos ayuda para encontrar la magia de estar presentes.

La salud en el Ayurveda

El ser humano está compuesto de mente, cuerpo, emociones, sentidos y conciencia, los cuales están relacionados íntimamente. Desde esta perspectiva, cuando hay una enfermedad física, es posible que existan causas o creencias mentales y emocionales detrás del síntoma que han de ser descubiertas. Para ello y mantener nuestra salud, el doctor Robert Svoboda, experto en Ayurveda, propone el siguiente camino:

1. Asumir la responsabilidad de nuestra vida
   Está en nosotros elegir los alimentos que comemos, las personas con las que nos relacionamos, la forma en la que organizamos nuestro hogar, las sustancias que ponemos en nuestro cuerpo, los programas que decidimos ver o no, los lugares que frecuentamos. De esta forma somos partícipes de construir nuestra realidad y de mantenernos presentes en nuestra vida.
   Cuando asumimos la responsabilidad de nuestra vida tenemos la voluntad de participar activamente en nuestro proceso de salud física, mental y emocional, porque somos nosotros quienes a través de la introspección podemos entender el complejo entramado de nuestra historia personal y de nuestras creencias. Está en nosotros el tomar las decisiones necesarias para ir a través de la vida con vitalidad o no.

2. Autoobservación

El cuerpo siempre nos está dando las señales si nos detenemos a escucharlas. Si en vez de tomar cualquier píldora que elimine un malestar nos detenemos a preguntarnos cuál es la causa que está ocasionando que nos duela la cabeza o el estómago, el resultado puede ser muy distinto. ¿Es algo que comimos, fue un disgusto, una mala experiencia, exceso de trabajo? Dolor, inflamación, congestión son síntomas que están hablando de un desequilibrio que es necesario atender.

En el proceso de observación y atención nos damos cuenta y actuamos, porque estamos presentes con nuestra experiencia y escuchamos las señales. No es necesario esperar a tener una enfermedad seria, porque el cuerpo se expresa todo el tiempo, a través de un dolor, gas, olor o sensación. Lo que pasa es que nos hace falta detenernos y observar, practicar la magia de estar presentes.

3. Restricción

Nos restringimos un poco cada día y dejamos de vivir la vida en modo de gratificación ilimitada. Al hacer esto, "dejamos de cometer 'crímenes contra la naturaleza', reconociendo que ésta será tan generosa como nosotros lo seamos con nosotros mismos".[2] Cuando observemos quiénes somos, cuál es nuestra edad, cuál nuestro entorno, nos daremos cuenta de que habrá temporadas del año o de la vida en las que podamos comer o vivir de cierta manera y otras en las que tendremos que modificar nuestras elecciones. Por ejemplo, en invierno el picante puede traernos

---

[2] Robert Svoboda, *Prakriti: Your Ayurvedic Constitution*.

calor, pero en verano puede producir un exceso de fuego y quizá una inflamación en el estómago. Cuando nos observemos, conoceremos la naturaleza de nuestro cuerpo, mente y emociones, y seremos capaces de saber cuándo restringirnos y cuándo podemos ser más flexibles.

También es importante reconocer, como dice el maestro de meditación Daya Singh, que en nuestra sociedad se considera el alimento como placer, y aunque hay algo de verdad en eso, vale la pena recordar que la comida es el combustible que nuestro cuerpo o maquinaria requiere para funcionar adecuadamente.

Cuando decidimos ser partícipes de nuestra salud podemos:

- Aprender técnicas de atención plena para recuperar nuestra presencia.
- Tomar decisiones sabias que nos permitan saber cuándo tenemos que restringirnos y cuándo podemos ser más flexibles.
- Desarrollar la habilidad y flexibilidad de ser alquimistas y jugar con los elementos disponibles: sumar uno, restar otro, y configurar nuestro sistema de salud, paz y propósito.
- Usar técnicas de atención, posturas de yoga sencillas, alimentación, colores, aromaterapia, gemoterapia y actividades que nos apoyen en nuestro proceso de sanación, prevención de desequilibrios físicos, mentales o emocionales.
- Darnos cuenta cuando estamos comiendo o actuando para compensar un desequilibrio emocional o no.

Así podemos estar presentes en nuestra experiencia de vida más rica. ¿Te animas a asumir la responsabilidad de tu vida? ¿Quieres ser parte del proceso de autoconocimiento?

Vayamos a comprender el funcionamiento de nuestra mente.

LA MENTE Y SU NATURALEZA

Una vez que tomamos la responsabilidad de nuestra vida, es momento de conocer la naturaleza de nuestra mente, conocimiento fundamental para recuperar la atención.

La mente suele irse al pasado o al futuro. Por ejemplo, soñaste con ir de vacaciones y cuando llegas al lugar, estás pensando en las que siguen o recuerdas que las últimas estuvieron mejores. Podemos anhelar momentos de la niñez o de otros tiempos que se han ido, que no existen más. Regresar a ellos nos funciona a manera de terapia, para verlos y liberarnos de su yugo cuando nos determinan, y de ese modo los soltamos. Pero nada más.

En la India, a la mente la ven como un mono saltarín que va de un lugar a otro, porque su naturaleza está en constante movimiento, aunque en lo personal me gusta llamarle "la loca de la casa", por su efecto de volatilidad. ¡Imagínate que la Fundación Nacional de Ciencias estima que tenemos entre 60 000 y 70 000 pensamientos diarios! Cuando le dejamos el control de nuestra existencia, ella empieza a actuar como se le da la gana. Todo lo que nos dijeron de niños, lo que nos creímos y nos creemos, lo que nos seguimos diciendo, los patrones, los hábitos, las experiencias que tuvimos, sirven a la mente como combustible para que actuemos de acuerdo a sus órdenes. Ella suele ser la causante de que nuestra vida sea miserable o no, de que estemos enfermos o no.

A diferencia de la visión materialista de Occidente, el Ayurveda se basa en la premisa de que el cuerpo y la mente están unidos en el plano de la conciencia, y como dice la autora Pratima Raichur en su libro *Absolute Beauty*, la mente afecta al cuerpo por ser parte de un mismo campo unificador.

Ahora bien, la mente tiene varios aspectos:

- La mente universal (Mahat) es en donde todas las posibilidades existen y pueden o no manifestarse.
- La mente presente (Buddhi) es la que hace referencia a la capacidad de discriminar y discernir la experiencia de este instante, sin juicios ni etiquetas.
- La mente particular (Ahamkar) es el ego, la fabricación del yo, en la que la mente se alimenta y se expresa con base en nuestras experiencias, creencias y patrones de vida.

Hablemos de ello a continuación.

De la mente universal a la mente particular

En la filosofía Sankya, en la que se basa el Ayurveda, lo primero que se manifiesta es la inteligencia infinita, conocida como la mente universal o la inteligencia universal colectiva, en donde todas las posibilidades existen en un estado no manifiesto y pueden o no manifestarse. Es la que se llama Mahat.

En este campo de inteligencia infinita, en la inteligencia universal, existen todas las posibilidades, todos los arquetipos. Por ejemplo, existe la posibilidad de que tengamos hijos o no los tengamos, de que padezcamos una enfermedad o no.

Otro ejemplo: en una familia hay cuatro hermanas, cuya mamá y abuela tuvieron piedras en la vesícula biliar. Van con el médico y les dice que tienen una tendencia a padecer el mismo problema. La hija más chica decide prevenir la situación, y en lugar de identificarse con lo que dice el médico, opta por hacer cambios en su dieta. Desde la perspectiva de Mahat, la posibilidad de que le extrajeran la vesícula estaba ahí desde el principio. Pero en este caso la mente de la hermana menor no se identificó con el pronóstico del médico, tomó acciones para mantener la salud de su vesícula biliar, no cayó en las redes de la mente negativa y no se la extrajeron. Durante años hizo ayuno de manzana periódicamente y se mantuvo sana de mente y de cuerpo.

Un tip para limpiar la vesícula biliar

Come todo el día manzanas verdes en jugo o a mordidas, no las cuezas ni agregues sal ni canela.

Toma agua.

Antes de dormir, pon en un vaso un cuarto de taza de jugo de limón amarillo y un cuarto de taza de aceite de oliva de la primera extracción en frío.

Mézclalo y tómatelo.

Acuéstate del lado derecho del cuerpo.

Al siguiente día toma un vaso de agua y al ir a orinar revisa qué tantas piedritas verdes de bilis salen en tu orina. Si consideras que es una gran cantidad de piedras, repite la limpieza durante tres meses.

Siempre es recomendable consultar con tu médico antes de realizar este tipo de limpiezas si padeces de algún desequilibrio físico.

La mente presente

El Ayurveda se dio cuenta de que los pensamientos tienen un efecto sobre el cuerpo. Su mensaje es que con nuestros pensamientos vamos creando nuestra realidad. Por eso hay que aprender a observar los pensamientos de cerca, a ser testigos de ese proceso mental y poder regresar a Buddhi, la naturaleza de la mente que está presente en el ahora, sin juicios ni creencias de cosas o eventos que ya sucedieron y que ya existen en nuestra imaginación.

Cuando somos esclavos de los pensamientos, éstos vienen acompañados de nuestro ego, nuestra personalidad, las cosas que nos pasaron antes y que nos pueden hacer reaccionar de acuerdo con un pasado que ya no existe, alejándonos de la posibilidad de reinventarnos y de apreciar el gran presente que es estar con lo que es, con lo que hay.

Cuando le damos entrada a que nuestra mente se exprese desde el ego o nuestra personalidad, entran en juego nuestras experiencias, ideas, creencias, patrones, lo que nos pasó de niños, lo que nos dijo la maestra, nuestros padres, nuestros familiares, amigos, lo que vimos en la publicidad, lo que otros quieren que seamos, lo que nos dicta el sistema, lo que hemos creído y con lo que nos hemos identificado.

Si actuamos desde la identificación del ego, salimos de la esfera de Buddhi y actuamos basándonos en nuestras precon- cepciones, olvidándonos de estar presentes (Buddhi) y de estar conectados con la inteligencia infinita (Mahat), en donde todas las posibilidades existen y pueden o no manifestarse.

Te cuento una anécdota: cuando era niña, de vez en cuando me llevaban a montar a caballo en Tequisquiapan.

Un fin de semana, cuando tenía siete años, estaba la hija de unos amigos de mis papás. Montamos a caballo, y a mí me ayudaba alguien que me iba guiando. Adelante mi amiga mon- taba sola. Cinco minutos después, ella se cae del caballo y se rompe la cabeza. Había sangre, todo mundo gritaba. Llama- ron al médico y no pasó a mayores. Quince días después me quisieron llevar a montar a caballo nuevamente y dije que no porque tenía miedo.

Veinte años después, ¿qué crees que pasó? Mi hijo creció y un buen día quiso subirse a un caballo. En ese momento me di cuenta de que aún tenía miedo por una experiencia que había tenido años atrás. Identifiqué ese temor y decidí regresar a Bu- ddhi y montarme en un caballo como si fuera la primera vez. Disfruté de la experiencia y el miedo se disolvió, porque lo vi, me di cuenta de él y solté esa nefasta experiencia de la niñez que todavía habitaba en un rincón de mi cerebro, como una historia mental, de esas tantas que todos vamos acumulando al pasar la vida, el tiempo.

El pasado ya no existe más. Habita sólo en nuestra imagina- ción como recuerdos o huellas impresas que, si lo permitimos, hoy nos definen, pero el pasado se ha ido y hoy tenemos la posibilidad de reinventarnos y recibir el sol con nuevos ojos, con una nueva luz. Hoy es posible darnos cuenta y soltar todas esas historias y experiencias que nos sucedieron si hacemos la magia y recuperamos nuestra presencia, parados con los pies en la tierra, con todos nuestros sentidos presentes en este preciso instante. No perdamos más tiempo flagelándonos con historias o creencias que sólo son eso. ¿Para qué? No perdamos nuestro tiempo, nuestra vida.

Dejemos de cargar con historias de nuestro pasado que ya no existen más que en nuestra imaginación.

La mente particular

En el campo del ego o Ahamkar habitan nuestras decepciones amorosas, nuestros hábitos negativos a los que les abrimos espacio y que seguimos reforzando; nuestras creencias de que no se puede, no soy suficiente, mejor no digo lo que siento, no me puedo enojar, no quiero sentir, no vaya a ser que me enamore y me vayan a lastimar.

En el ego reafirmamos todo eso que en realidad no nos sirve para nada, eso que nos empecinamos en mantener y que solamente nos estorba. "La ceguera y el apego causado por el ego es la principal causa de los desequilibrios mentales, espirituales y físicos."[3] Por eso es tan necesario recuperar nuestra atención,

---

[3] David Frawley, *Yoga & Ayurveda*, p. 21.

porque al estar presentes con lo que es, seremos lo suficientemente sabios para reconocer cuando se está proyectando la mente, la loca de la casa, observarla, no identificarnos con ella, y dejar pasar esos pensamientos.

Cuando estamos presentes somos sabios para escuchar lo que nos dice el cuerpo, para saber si la comida nos cayó bien o no, para darnos cuenta de lo que es en este instante en un mundo en el que estamos cada vez más distraídos.

La mente negativa

Cuántos hombres y mujeres, por alguna situación de dolor o suceso del pasado, sienten tal vacío en su vida que acaban por deprimirse y enfermarse. Desde que era niña, vi a mi padre trabajar incansablemente. Tuvo una constructora y luego trabajó muchos años para el gobierno. Pero un día llegó el momento de retirarse. Sabía que le quedaban unos cuantos meses y que todo ese tiempo que había invertido en trabajar ahora lo tendría libre. Sin embargo, él, como muchos hombres y mujeres, no sabía qué hacer en sus ratos libres porque su vida la había dedicado a trabajar incesantemente para darle a la familia lo mejor. Durante los meses que siguieron lo comencé a ver más triste y desanimado al no saber a qué se iba a dedicar. Después de unos meses, su sistema inmunológico se debilitó, fue diagnosticado con cáncer y al poco tiempo murió.

La investigadora Ellen Langer, profesora de psicología en Harvard, dice que cuando alguien tiene cáncer, asume de inmediato que va a morir a pesar de que esta enfermedad puede cursarse. Sin embargo, al asumirlo y etiquetarse con el membrete de "paciente con cáncer", todas las ideas preconcebidas

controlan nuestro comportamiento. Estudios al respecto seña-
lan que la gente que se compra esta idea reacciona en menor
medida a su bienestar psicológico.[4] No sabemos qué tanto in-
fluyen los pensamientos negativos para tener una enfermedad o
no, pero lo que sí está claro es que tienen un efecto en nuestra
experiencia de vida.

¿Cuántas semillas de carencia, miedo, dolor, imposibilidad
habitan en el subconsciente?, ¿cuántas se sembraron mientras
estabas en el vientre de tu madre?, ¿cuántas impresiones negativas cargas a nivel consciente o inconsciente? La vida que
nos toca es como es y no se parece a la de nadie más, aunque
estemos en una circunstancia similar. No es mejor una familia
integrada de padre, madre e hijos que una familia de una madre soltera con su hijo. Simplemente son experiencias de vida
distintas. Una familia integrada puede ser disfuncional si hay
conflicto entre el padre y la madre, lo mismo que puede ser
disfuncional la vida de la madre soltera con el hijo si la madre
tiene algún tipo de conflicto personal. Basta de identificarnos
con lo que dicen los otros de nuestra vida; nuestra realidad es
única y la construimos desde nuestro presente, desde este preciso instante.

❖

¿Qué semillas están germinando en tu mente? ¿Vale la pena alimentarlas?

❖

---

[4] Sarit Golub, *Mindfulness*.

LA ATENCIÓN PLENA

La filosofía Sankhya propone que nosotros tenemos una injerencia en el proceso de salud y proyección de nuestra vida, porque así como podemos vivir en la frecuencia del ego (Ahamkar), podemos regresar a Buddhi, estando con lo que es, y desde ahí vibrar en la frecuencia de la inteligencia infinita donde todas las posibilidades existen y pueden o no manifestarse.

Algunos de nosotros tendemos a reaccionar automáticamente, pero cuando aprendemos a recuperar nuestra atención y observar la mente, aun en la situación más difícil, podemos detener la reacción automática, respirar y hacer espacio para responder de una forma más hábil que no nos dañe a nosotros mismos ni a otros.

Si comprendemos que la naturaleza de la mente es volátil y la dejamos, es cuando se identifica con historias, creencias, pensamientos de otros, patrones, hábitos. Por eso existen tantas técnicas de meditación y *mindfulness* que nos enseñan cómo aquietar este proceso mental para recuperar nuestra atención, nuestra presencia en la vida. Es necesario aprender a ser testigos del proceso de pensamiento que viene, renovar nuestra mente y estar abiertos a lo que existe. Darnos cuenta de los actos (*samskaras*) que repetimos constantemente y que se graban en algún lugar de nuestro cerebro.

Los *samskaras* generan nuestra personalidad, cobran potencia a través de la repetición continua de una misma onda mental y esto se convierte en parte de nuestro carácter. Si respondemos a una misma situación con una misma reacción, esto se convierte en un *samskara* que empieza a definirnos. Por ejemplo, si todos los días pensamos que no somos suficientes o que no podemos hacer algo, o nos enojamos con nuestros hijos o seres queridos cuando repiten una misma acción, entonces empezamos a permitir una tendencia que se afianza en nuestro carácter. La buena noticia es que los *samskaras* o huellas pueden modificarse si introducimos otro tipo de ondas mentales, si sólo nos volvemos testigos de ellos y respiramos ante la vida de nuevo con una actitud de apertura y curiosidad.

LA MENTE VISTA DESDE LA PERSPECTIVA CIENTÍFICA

Estos patrones a los que estamos acostumbrados pueden modificarse, como acabo de mencionar, cambiando esos caminos. Es lo que en la ciencia se le conoce como neuroplasticidad. Winston y Smalley, en su libro *Fully present,* dicen: Nuestros cerebros tienen una gran capacidad de cambiar su estructura y función con experiencia, ya sea a través de la meditación, al aprender a andar en bicicleta, aprender un idioma, matemáticas, pintura o al aprender a pensar o sentir diferente. La práctica cambia al cerebro.[5] Esto nos abre la posibilidad de volver a construirnos, de modificar nuestra forma de ser, esa que nos ancla al ego, al pasado, a la distracción. Sharon Belgey, por su parte, agrega: "Podemos reprogramar [nuestro cerebro] así como los electricistas pueden volver a cablear una casa, y la ciencia está empezando a demostrar la posibilidad del recableado mental, así como sus límites".[6]

Aquí te cuento otra anécdota: mi hermana mayor padece de esclerosis múltiple. Fue diagnosticada con la enfermedad hace

---

[5] Smalley y Winston, *Fully Present: The Science, Art, and Practice of Mindfulness.* p. 7.
[6] S. Begley, *Train Your Mind, Change your Brain: How a New Science Reveals Our Extraordinary Potential to Transform Ourselves.*

20 años. A lo largo de este tiempo, todas y cada una de las veces que la he visto y le he preguntado cómo está, me dice: "Estoy de maravilla, mejor que nunca".

Afortunadamente camina, va a sus clases de yoga. Estoy segura de que lo que la mantiene estable es su mente, la naturaleza de sus pensamientos que ven la vida desde un punto de vista que le favorece.

Cuando practicamos la atención plena nos damos cuenta de que podemos tener una elección sobre nuestros pensamientos, que "podemos ejercer una cierta forma de control sobre ellos, más que estar a su merced."[7] Y mejor aún, que es posible introducir otras ondas mentales al darnos cuenta de nuestros pensamientos o actos negativos o destructivos hacia nosotros o hacia otras personas.

LA MAGIA DE OBSERVAR LA MENTE

La mente es parte del ser, pero no sólo somos la mente. Hay que dar un paso atrás, aquietarnos y observarla con detenimiento.

En palabras de Katie Byron: "Un pensamiento es inofensivo mientras no lo creamos. No son los pensamientos en sí mismos sino el apego a ellos lo que nos causa el sufrimiento. Apegarte a un pensamiento significa creer que es verdad, sin cuestionártelo. Una creencia es un pensamiento al que nos hemos apegado en muchas ocasiones por años".[8] Ni cancelar los pensamientos, ni suprimirlos, ni interferir con ellos, simplemente observarlos, que sean, que se diluyan. La mente necesita dirección.

---

[7] *Ibid.*, p. 14.
[8] Katie Byron, *Loving What Is*, p. 5.

"Una vez que hayas conquistado tu mente, habrás conquistado el mundo."

JAP JI

La magia de la mente es que esos pensamientos crean la realidad, como vimos en la mente universal, por eso hay que cuidar lo que pensamos. El doctor Vasant Lad, originario de Poona, India, y quien tiene su escuela en Albuquerque, Nuevo México, nos comparte su punto de vista al respecto:

> La mente actúa y reacciona con base en cosas externas. Si tus pensamientos son de angustia, la mente te convierte en un ser angustiado. Como son tus pensamientos, es tu mente y eres tú. Si tienes pensamientos de desesperanza, haces que tu cuerpo pierda la esperanza y se rinda ante la enfermedad. Pensamientos sanos, crean salud.
>
> La percepción correcta se da cuando vives en este momento y ves las cosas sin juicios, como si vieras u olieras una flor por primera vez.[9]

---

[9] Vasant Lad, comunicación personal, 2000.

Deja de victimizarte y de darle rienda suelta a tu imaginación, y si estás en un lugar en donde sufres, vete de ahí. Salte de tus crisis mentales y tus azotes de telenovela. La vida no es lo que nos pasó en la niñez ni sabemos cómo será mañana. La vida es, fue y será siempre aquí y ahora. Y la única manera en la que podemos salir del sufrimiento es recuperando nuestra atención, estando presentes.

Poniendo atención, somos capaces de identificar el proceso mental.

Deja de querer capturar el atardecer más lindo y mejor siéntelo en cada una de tus células; siente la energía del sol. Deja de ver a tus amigos, colegas, hijos y padres sólo con los ojos, percíbelos cada vez como si fuera la primera vez que estás con ellos; siente lo que sientes con todos tus sentidos cuando estás frente a ellos. Deja los aparatos electrónicos y permítete estar con las personas que amas con toda tu humanidad, reconociendo que son lo mismo y que están, estamos, hechos de lo mismo.

El esfuerzo para observar la mente y aquietarnos es personal. Un masaje, una terapia nos puede ofrecer una solución que nos mantenga calmados por un día o dos, pero en realidad para observar el proceso mental es necesario cultivar la práctica. Nadie puede hacer la tarea por nosotros. Es nuestra intención, nuestro esfuerzo, nuestra voluntad y disciplina lo que nos va a llevar al conocimiento profundo de nuestro ser.

Como dijo Yogi Bhajan, maestro espiritual de la India: "La vida no es igual para todos, y no es equivalente para todos.

Tienes que encajar en la frecuencia de tu mente y tu cuerpo. [...] Cada cuerpo tiene una capacidad. Cada mente tiene una frecuencia. Debes reunir a los dos y luego descubrir quién eres. Ésa es la forma más fácil de vivir felizmente." Entonces descubre esa frecuencia y si no te gusta, modifícala para que sea aquello en lo que vibras, en lo que sientes, en lo que es.

LAS EMOCIONES

La mente y las emociones son aspectos del ser humano que no vemos, pero son parte del complejo entramado que nos compone. La magia de estar presente tiene que ver con poner atención no sólo a nuestra experiencia mental, como ya hablamos, sino también a la emocional y física. ¿Nos damos espacio para sentir las emociones? ¿Las evadimos? ¿Nos identificamos con ellas?

Todos sentimos. Es un proceso natural, inherente a nuestra naturaleza. Las emociones tienen un impacto sobre nuestra conducta y nuestra salud mental, de hecho "son parte de nuestra estructura interna, donde, junto con los pensamientos, el conocimiento que uno adquiere, recuerdos, resultan ser motores más poderosos para el movimiento de la mente cotidiana".[10]

El maestro Yogi Bhajan, dice: "Las emociones son esenciales, como la vida es esencial. El intelecto libera muchos pensamientos, pero sólo unos pocos se convierten en emociones, no todos. La emoción puede tener dos opciones. Si se convierte en devoción y entra en la mente subconsciente, no hay dolor. Pero supongamos que en lugar de devoción, la emoción se convierte

---

[10] Wojtek Jan Plucinski, maestro de Bon Budismo, comunicación personal.

en conmoción y entra en la mente subconsciente, entonces tienes un patrón, un estilo de vida, y el patrón te gobernará[11]". Por ejemplo, si en tu familia alguien reaccionaba con enojo ante una situación y tú aprendiste a reaccionar de la misma forma, se crea un patrón, una huella en tu cerebro que hace que, cuando sucede la situación, tú reacciones de esa misma forma. Cuando no nos damos cuenta de esto, la emoción se repetirá cada vez en el mismo evento.

En la cultura de Occidente, en general, no se preocupan por enseñarnos mucho sobre el manejo de nuestras emociones y las hemos catalogado en positivas y negativas. Las segundas, por supuesto, no está bien sentirlas según el mundo actual. Cuántas veces no hemos escuchado "niño(a), no llores". Es como si la tristeza estuviera prohibida. Si hay lágrimas, todos quieren alegrarnos. Cuando crecemos, nos cuesta trabajo soltarnos ante los sentimientos que son inherentes y compartidos por la humanidad entera. Nos enfundamos en una coraza como de tortuga para no sentir o buscamos la forma de evadirlo. Hay quien fuma un cigarro, se va de compras, se va de fiesta, se duerme o hace cualquier otra actividad para no sentir. Sin embargo, sentir lo que sentimos es parte de recuperar nuestra presencia. Darnos espacio para sentir, sin juicios, sin identificarnos, sin apegos es lo que nos lleva a nosotros mismos al momento. Sentir desde Buddhi, el espacio donde no discriminamos, donde lo que es, es. Sentimos y soltamos, pero sentimos.

---

[11] Yogi Bhajan, de su clase en Los Ángeles el 2 de marzo de 1993.

> ## "No hay que identificar, sólo respirar. Si hay dolor, respira y observa lo que está pasando. No digo de dónde viene, ni a dónde va."
>
> GURU DEV SINGH

El conflicto inicia cuando dejamos que la loca de la casa se agarre de lo que sentimos, lo interprete, lo juzgue, lo defina, se lo compre. Es ahí cuando somos víctimas de las emociones y de la vida, cuando nos creemos el "por qué me pasa esto a mí", "sufro mucho", "estoy deprimido", "la vida no vale nada".

Cuando nos permitimos sentir, sin identificarnos, recuperamos nuestra presencia ante el ritmo de la vida que, como la rueda de la fortuna, sube y baja. Cuando sentimos con apertura y con todo nuestro ser y nos detenemos a sentir, es posible aceptar la vida como es, con sus inevitables retos. Cuando nos detenemos a sentir, podemos conectar con nuestro propósito esencial y responder en lugar de reaccionar o evadir.

Recuperemos nuestra presencia ante nuestras emociones: sintámoslas, pero no nos identifiquemos con ellas.

Al estar ante una circunstancia, ¿qué es lo que elegimos?: ¿quedarnos en la negatividad, preocupación, queja, comparación, escasez, miedo? O podemos sentir lo que sentimos sin identificarnos y mirar la circunstancia con apertura y resolverla a nuestro favor.

Te cuento otra anécdota: en este ciclo escolar, mi hijo y su maestra no han logrado tener un buen entendimiento. El argumento de mi hijo de nueve años es que su maestra "está en su contra" y entonces él también está en contra de ella. De tal suerte que abiertamente decidió hacer todo lo posible para no seguir sus reglas. Después de varias semanas así y de contactar con el sentimiento de impotencia, me di un espacio para ponderar la situación luego de una junta escolar con la psicóloga y la directora.

Primero reconocí la emoción de frustración y de impotencia, y después de un rato pensé: ¿Cómo me quiero sentir ante esta situación y qué le puedo enseñar a mi hijo? Definitivamente me quiero visualizar capaz, atravesándola con fluidez, sin juicio, reconociéndola. En lugar de dejar que mi mente se fuera a mi niñez en la que tuve varias experiencias negativas en la escuela y responder desde mis propias carencias de niña, decidí recorrerla desde un lugar de apertura y presencia.

Reconocí que es posible ser testigos y mantener un espacio de apertura y neutralidad, sin reaccionar ante las circunstancias externas, y que frente a las personas que consideramos negativas podemos mantener un espacio de paz en medio del caos.

Regresé a casa y tuve una conversación con él en la que le dije: "No podemos saber si la maestra está en tu contra o no; tampoco sabemos lo que ella está viviendo. Claramente a mí me costaría dar mi clase, porque si los niños están haciendo ruido, entonces me distraigo y me frustro al tener la sensación de que no puedo enseñarles. Si lo vemos desde ahí, entonces podemos sentir empatía por ella. Pero asumamos por un momento que la maestra realmente estuviera en tu contra. No podemos hacer nada al respecto, porque finalmente ella es la autoridad. Lo que sí podemos hacer es elegir cómo nos queremos sentir ante esta situación y cómo responder ante la circunstancia.

En la vida siempre vamos a tener que ir a través de retos y circunstancias que no son los que queremos y no podemos controlarlo. Lo único que realmente marcará la diferencia es cómo vamos a responder ante ellos. Así que en este caso la respuesta es seguir con las reglas del salón, sin importar si están o no en tu contra, y con el poder de tu intención decidir cómo te quieres sentir en tu salón, cómo quieres pasar tu día.

"No siempre puedes elegir lo que te pasa, pero sí cómo eliges sentirte al respecto."

DANIELLE LAPORTE

En el siguiente capítulo exploraremos diversas técnicas de atención plena para aquietar el proceso mental y emocional. Cada quien resonará con alguna metodología; hay muchas formas de atención plena y está en cada quien encontrar la que le funcione mejor, pues tenemos toda una vida para experimentarnos, para buscar, para encontrar, para descubrirnos… ésa es la belleza.

REFLEXIÓN

♦ ¿Cuáles son las creencias de tu niñez o de tu vida que siguen condicionando tu presente?

♦ ¿Qué estás manifestando en tu vida?

♦ ¿Cómo son tus pensamientos?

♦ ¿Cuántas veces te has quedado condicionado con una idea fija sobre algo que alguna vez escuchaste, o algo que te dijeron?

♦ ¿Qué *samskaras* o actos repites de forma automática?

♦ ¿Cuáles son las emociones con las que te has identificado a lo largo de tu vida? ¿Cuáles quieres eliminar?

♦ ¿Cómo quieres relacionarte con tus emociones y cómo quieres manejarlas?

CAPÍTULO III

Practiquemos la magia de estar presentes

Permite que la fuente del ser mantenga contacto contigo. Ignora las impresiones y las opiniones de tu ser habitual. Si él tuviera la respuesta, hace mucho te la hubiera dado. Lo único que te hace es depender de otros.

AMIR SUHRAWARDI

Alberto Ades, un amigo meditador, me compartió una gran definición sobre los distintos tipos de atención: "La atención automática es cuando respondemos a una situación externa, respondemos ante un estímulo del entorno; la atención plena es la voluntad de poner atención de forma intencionada, por ejemplo, decido poner atención a mi respiración y cabalgo en ella".

Desde hace siglos diferentes tradiciones en el mundo hablan de la importancia de cultivar nuestra presencia o atención plena. *Sati*, un término que data de hace más de 2 500 años, se deriva del sánscrito y significa precisamente eso: atención plena o *mindfulness*.

En los *Yoga Sutras* de Patanjali, tres de las ocho ramas del yoga se refieren a técnicas de atención, concentración y meditación como los medios para encontrar la armonía de mente, cuerpo y espíritu; en las tradiciones de meditación Vipassana también se ofrecen distintas prácticas para cultivar nuestra atención plena.

En el budismo, la atención plena es el camino directo para la liberación.

En los últimos años, el término se ha conocido más desde que Jon Kabat-Zinn, fundador de la Clínica de Reducción de Estrés en el Centro Médico de la Universidad de Massachusetts, definió el *mindfulness* como "prestar atención de manera intencional al momento presente, sin juzgar". Es decir, darnos cuenta de lo que sentimos, tener la simple experiencia dentro de uno mismo.

Para conseguirlo, hay algunas técnicas que podemos aprender y practicar para descubrir la magia de estar presentes. Entre las que te presento podrás elegir la que mejor vaya contigo para integrarla a tu vida.

"Si quieres entender tu mente, siéntate y obsérvala."

ANGARIKA MUNINDRA

Guru Dev Singh, quien sistematizó las enseñanzas del Sat Nam Rasayan, una técnica ancestral de curación, nos invita a reflexionar sobre la atención plena de esta forma:

Lo importante es la experiencia. Nuestro objetivo es aquello que sentimos. La experiencia se tiene dentro de uno mismo. No es necesario saber qué ha pasado o en qué momento un evento ha influenciado nuestra vida personal, lo importante es darnos cuenta de los eventos que nos distraen a través de la observación sensible.

Muchos de nosotros, cuando intentamos sentarnos a meditar o a estar en silencio, enloquecemos en el intento, porque es natural que los pensamientos aparezcan, los proyectos, lo que se tiene que hacer, el sentimiento de incomodidad o de frustración de no poder "meditar" o no estar "logrando entrar en un estado de silencio". En este caso en particular mi recomendación sería la siguiente:

1. No tratar de lograr nada. Cuando nos sentamos, lo hacemos sin ninguna expectativa, sin querer lograr nada ni llegar a ningún lugar. Nos sentamos y nos observamos.
2. Se trata de darnos cuenta de cuándo aparecen los pensamientos, las ideas, los proyectos, la lista de pendientes y dejarlos pasar. Nos enfocamos en sentir, y como mi maestro propone, nos sentamos a escuchar.

EL MÉTODO PRE

Es un práctica simple que propongo para regresar al cuerpo, aquietar la mente, recuperar nuestra presencia. Consiste en hacer una pausa, observar la respiración y escuchar. El método PRE será el puente que nos lleve del caos de la dispersión al silencio, a la atención plena. Consiste en lo siguiente:

Pausa
Respira
Escucha

Pausa

Hacer una pausa es esencial en la vida. Rosemary Atri, una maestra de yoga en México, en una plática me dijo: "Es necesario aprender a hacer una transición entre una actividad y otra". Tiene sentido. En este mundo atribulado, en el que pasamos horas transportándonos de un lugar a otro y en el que nos falta tiempo, es necesario hacer una pausa. Quizá pensamos que vamos a "perder" cinco valiosos minutos, pero en realidad estamos ofreciéndonos un espacio para aterrizar, para calmarnos, para digerir las cosas que suceden.

Cada vez que terminamos una actividad hacemos una pausa. Una pausa entre el desayuno y lavarse los dientes, entre la primera junta del día y la segunda; una pausa después de cada hora de trabajo o de cada actividad; una pausa antes de hacer el amor. Cultivamos pausas en la vida, los momentos de la sobremesa, los espacios en donde escuchamos el sonido del viento o sentimos el sol que nos llega hasta los huesos. Cultivamos los espacios muertos, los espacios en donde pasa todo y no pasa nada. En esa pausa idealmente nos sentamos, cerramos los ojos, sentimos el peso del cuerpo, respiramos.

Respira

La respiración es el proceso que nos conecta con la vida. El primer poder de la vida inicia con la respiración y termina también con un último aliento. Nuestra vida depende por completo del acto de respirar. No hay vida sin ella. Si evocamos la imagen de un bebé al nacer, podremos observar que ellos inhalan de forma larga y profunda, retienen el aire un momento para extraer del mismo sus propiedades vitales y luego exhalan muy lentamente. Esta respiración los mantiene en calma y en un estado de profunda contemplación. A los bebés les da igual si suena la ambulancia o canta el pájaro, porque todo es lo mismo, porque simplemente están con lo que es.

Vamos creciendo y en momentos de amenaza, peligro o estrés nuestra respiración se hace corta, pierde su ritmo, se debilita. Nos volvemos adultos y, si nadie nos dijo cómo seguir respirando, solo utilizamos 20% de la capacidad del diafragma, mientras que los grandes yoguis y meditadores del mundo optimizan el uso de su respiración y logran hacer una sola respiración durante tres minutos o más. Si nadie nos dice nada, si no sabemos, nuestra respiración se acorta, se vuelve superficial.

La mala postura y el sedentarismo del mundo en el nuevo siglo no ayudan y la respiración débil nos impide encontrar la vitalidad que habita dentro de nosotros. Sin embargo, es posible recuperarla con tan sólo observar el proceso respiratorio y aprender a mantener nuestra respiración estable, rítmica, y aplicar esta habilidad en la vida cotidiana.

Cuando respiramos, cada célula de nuestro cuerpo se mueve de forma sutil y "en los ritmos y estructura de la respiración está codificado un lenguaje de energía que el sistema nervioso, las glándulas y la mente comprenden".[1] La respiración es ese proceso que permitirá que el cuerpo y la mente se tranquilicen, que se regule nuestra circulación arterial y que nos dé calma, esa calma tan necesaria en estos días.

Ejercicio:
En este momento te pido que hagas una pausa y observes el proceso natural de tu respiración. Sentado, cierra tus ojos y observa tu respiración. Observa cómo entra y sale el aire por las fosas nasales. No controles nada, solamente observa el proceso natural del aire entrando y saliendo por la nariz. No te desesperes. Dale oportunidad a este proceso, cierra los ojos y observa cómo entra y sale el aire por las fosas nasales. Observa el espacio que hay después de cada exhalación y permanece ahí hasta que la siguiente respiración suceda por sí misma. Permite que sucedan tres respiraciones profundas dando espacio para observar la pausa que hay después de que sale el aire por completo.

Respiración consciente correcta

Consta de tres etapas. Al inhalar se expande el abdomen, luego la cavidad torácica y por último la zona de las clavículas. Se hace una pausa de aproximadamente tres segundos y durante la exhalación sale el aire de forma invertida a la inhalación. Primero se vacía la zona de las clavículas, luego se contrae la caja torácica y por último se vacía el abdomen hasta que

---

[1] Yogi Bhajan y Gurucharan Singh Khalsa, *Respira Vida*, p. 7.

naturalmente el ombligo se dirige hacia la columna vertebral. Se hace una pausa de tres segundos antes de volver a tomar el aire.

Yogi Bhajan, fundador del kundalini yoga, recomienda que en el lapso de una hora, al menos debemos practicar tres respiraciones conscientes y profundas para mantenernos saludables y en calma.

Respiración incorrecta

A esta respiración se le conoce como "respiración paradójica", y es aquella en la que se expanden los pulmones al tiempo que se reduce la cavidad torácica, lo cual produce fatiga y respiración deficiente.

Los beneficios de la respiración profunda yogui son muchos:

- podemos controlar nuestra presión arterial
- mejorar el estado de ánimo
- relajarnos en momentos de crisis
- protegernos en casos de tensión
- ayudarnos a controlar el dolor
- aliviar la indigestión y el mareo
- nos proporciona energía y vitalidad
- nos ayuda a relajarnos y combatir el insomnio
- ideal para erradicar el enojo
- nos da claridad y calma
- mejor funcionamiento del sistema digestivo

Escucha

Fue mi maestro Guru Dev Singh quien me enseñó que es necesario aprender a escuchar el entorno para recuperar nuestra atención plena.

Cuando hablamos de sentarnos a escuchar, no me refiero a escuchar a las otras personas o a escuchar e iniciar un proceso racional en donde le ponemos un nombre a lo que se escucha o lo identificamos, sino a permitir el efecto de lo que se escucha sin juzgarlo. A mí me ha funcionado visualizar que estoy cubierta por capas de energía que no se ven, pero que existen; son los cuerpos sutiles no visibles que nos conforman. Hablamos del cuerpo físico, mental y espiritual, pero hay mucho más profundidad en ellos y podemos adentrarnos en su significado para acceder a nuestra verdadera esencia, ya que como explica David Frawley, "detrás de estos cuerpos reside nuestro verdadero ser, que está más allá de la manifestación mental o física".

El cuerpo causal es el origen de los otros dos cuerpos y es el componente más puro del ser y de nuestra mente; es ahí en donde se encuentra Jiva, nuestra conciencia. Los textos la describen con la forma de un huevo de oro que reside en el corazón y es la verdadera fuente de conocimiento. El segundo cuerpo es conocido como el cuerpo sutil. De la esfera magnética del alma emerge un campo eléctrico que crea el cuerpo sutil o astral. A este cuerpo eléctrico se le llama cuerpo sutil porque es una vestidura de energía más refinada que la materia física, y comprende nuestro aspecto energético, vital, mental, emocional y psíquico.

Entonces, para respirar sólo cerramos los ojos, nos damos un espacio para observar el proceso de la respiración y luego escuchamos permitiendo que el efecto del sonido nos afecte, recibiéndolo y dejando que penetre ese campo sutil de energía, que nos llene por completo.

PRE

Observamos la respiración.

Percibimos los sonidos y sentimos
cómo nos afectan.

Permitimos que los sonidos nos afecten.

Sentimos el sonido en el cuerpo sutil.

Permitimos la sensación del sonido y que
la impresión de eso suceda.

Practica el método PRE como rutina diaria:

- 15 minutos al despertar
- 15 minutos antes de dormir
- Entre una actividad y otra
- Transportándonos de un lugar a otro
- Desarrollamos así la habilidad para aprender a calmarnos y a aquietar la mente.
- Aprendemos la magia de estar presentes

"Aquello que te ronda
en la cabeza, abandónalo;
lo que tienes entre manos,
dalo; lo que te ha de
suceder, no lo esquives."

ABU SAÏD IBN ABI'L KHAIR

Observamos nuestra respiración,
para regresar al cuerpo y regresar a casa.
Escuchamos la respiración para estar
en lo que es, para estar cuando no estamos.

SENTIR LO QUE SE SIENTE Y SER TESTIGO

A nivel práctico, para el trabajo de atención plena podemos también seguir estos simples pasos:

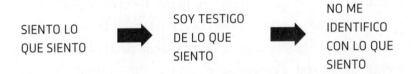

SIENTO LO QUE SIENTO ➡ SOY TESTIGO DE LO QUE SIENTO ➡ NO ME IDENTIFICO CON LO QUE SIENTO

En palabras del autor Hiro Boga: "Si nos permitimos sentir lo que sentimos, la energía de lo que sentimos se mueve y naturalmente cambia, como toda la energía cambia. Lo que sentimos es fluido".[2] La idea es que no hagamos hipótesis o juicios acerca de lo que sentimos, de tal suerte que utilizamos lo que Guru Dev Singh define como el espacio sensible como un medio para aprender la neutralidad. Aprendemos a tener una vivencia neutral hasta ser capaces de no hacer hipótesis y de aquietar nuestra mente:

> En el camino de la neutralidad permitimos que la experiencia suceda tal y como se presenta, sin hacer juicios. En el espacio sensible todo lo que se sabe es porque se siente. Sólo importa lo que se siente, sólo existe lo que se siente. Lo único que puedes sentir es a ti mismo sintiendo, el espacio sensible es ilimitado, lo incluye todo bajo forma de sensaciones. El espacio sensible se abre reconociendo las sensaciones y

---

[2] Danielle Laporte, *The Map of Desire*, p. 47.

permitiéndolas. Sentir nada también es una sensación. Permitimos que las sensaciones sucedan.[3]

Hay enseñanzas que nos invitan a enfocarnos en el proceso de la respiración o en mirar un objeto determinado, en este caso podemos sentir lo que se siente en la piel u observar la luz que pasa a través de nuestros ojos cerrados o percibir los sonidos sin juicios ni proposiciones. En el camino de la neutralidad no nos identificamos con las sensaciones, con lo que sentimos, no hay que alimentarlas, ni rechazarlas. No alimentar significa no insistir en su contenido. De lo que se trata es de recuperar la magia de estar presentes.

---

[3] Ambrosio Espinosa, Guru Dev y Singh Khalsa, *Sat nam Rasayan. El arte de la curación*, p. 25.

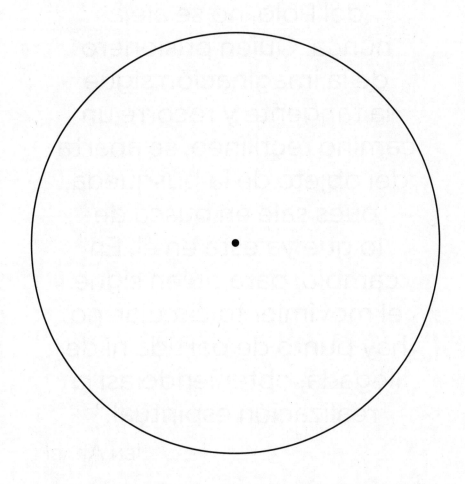

"Quien está en el círculo,
en un movimiento alrededor
del Polo, no se aleja
nunca. Quien prisionero
de la imaginación sigue
la tangente y recorre un
camino rectilíneo, se aparta
del objeto de la búsqueda,
pues sale en busca de
lo que ya está en él. En
cambio, para quien sigue
el movimiento circular, no
hay punto de partida ni de
llegada, obteniendo así la
realización espiritual."

IBN ARABÍ

LA PROPUESTA DEL *MINDFULNESS*

> Qué don maravilloso el de estar solo a veces para oír
> lo que importa y escuchar sosegados lo que nunca
> atendemos: el latir de la vida, lo que las cosas dicen.
>
> ELOY SÁNCHEZ ROSILLO

Hace poco iba en la carretera con una amiga cercana quien miraba de frente el camino. Ella iba nerviosa pensando si yo estaba manejando bien o no, y no veía el hermoso paisaje rodeado de árboles, montañas y el cielo azul de aquella tarde mientras recorríamos una carretera de Querétaro. ¿Ya viste el paisaje?, le pregunté. Ya lo he visto muchas veces, contestó. Bajé la velocidad a la que venía manejando, apagué el aire acondicionado y abrí las ventanas y le dije: vuelve a disfrutar del paisaje como si fuera la primera vez que lo ves, huele el olor a tierra mojada, siente la brisa del aire. Ésa es parte de la magia de estar presentes. Volver al ahora, al momento.

Henepola Gunaratana, experta en *mindfulness*, lo define de esta forma: cuando por primera vez te das cuenta de algo, hay un momento fugaz de atención pura, antes de que lo identifiques, antes de que pienses eso, antes de que la mente diga esto es tal o cual cosa, ese momento de foco, de suavidad, de pura atención, eso es *mindfulness*.

En ocasiones estamos tan enfocados en nuestros pensamientos, en nuestros problemas, en las cosas que nos pasaron, o divagando en el futuro, que olvidamos estar con lo que es.

No se trata de lo que hacemos, sino de la atención que ponemos en lo que hacemos.

Te recomiendo esta práctica del *mindfulness* cuando hay un pensamiento que te obsesiona:

Siéntate sobre una silla o en el piso con las piernas cruzadas.

Cierra los ojos.

Observa el peso del cuerpo.

Toma tres respiraciones conscientes y profundas.

Inhala durante cinco segundos.

Sostén el aire dentro, pausa.

Exhala lentamente durante cinco segundos al menos.

Quédate sin aire por cinco segundos más.

Repite tres veces.

Reconoce el pensamiento que te obsesiona, pero identifica la sensación en el cuerpo.

Siente lo que pasa adentro.

Siente si hay alguna emoción asociada a ese pensamiento.

Siente el área del estómago y ve si hay alguna sensación en esa zona.

Relaja los hombros.

Relaja la boca y la mandíbula.

Siente ahora la zona del pecho y ve si hay constricción o pesadez; permanece ahí hasta que desaparezca.

Observa cualquier otra sensación con curiosidad y apertura.

Ahora observa el área de la garganta y ve si hay alguna sensación ahí.

Respira y quédate ahí si hubo alguna sensación hasta que desaparezca.

Regresa a la respiración y sal de este espacio.

Observa entonces el estado de tu mente.

Observa cómo te sientes y cómo se ha transformado tu experiencia.

¿Te sientes con energía fresca, renovado?

EL DESAPEGO MENTAL-EMOCIONAL CONSCIENTE

Otra forma de cultivar la atención plena consiste en tomar una decisión consciente de salirnos del espacio que ocupan las emociones o nuestros pensamientos. Si nos salimos de nuestra historia mental, no nos peleamos con los pensamientos, no nos peleamos con el pasado, no nos peleamos con lo que sentimos. Cualquier cosa que pasó, ya no existe. ¿Por qué y para qué la seguimos cargando?

Cuando te des cuenta de que estás coqueteando con una historia del pasado, sea cual sea, reconoce que ya no existe y salte de ahí. Así. Salte de ahí.

**La palabra "elección" es un fraude
mientras la gente elija sólo lo que
le han enseñado a elegir.**

Elijamos salirnos de los dramas mentales, familiares, sociales. Soltemos el apego a nuestras emociones, sentimientos o situaciones que quizá nos pasaron en la infancia o en la vida adulta. Como dice Robert Svoboda: "Estar trayendo a colación una y otra vez el pasado para verbalizar lamentos o aflicciones ancestrales, simplemente agranda un problema que puede ser resuelto sólo al liberarlo de tu ser. Cuando estás listo para dejar ir lo que ya fue, cuando puedes liberar a tu ser de la cárcel que tú mismo has creado con tus propias memorias, le darás a tu espíritu el aire para que florezca, y cuando vengan los frutos podrás saborear un jugo que es permanente y que nunca estará falto de dulzura".[4] Por lo tanto te invito a tomar la decisión de darte cuenta cuando estés en el drama, cuando te sientas víctima de la situación. Cuando te des cuenta de que caíste en la depresión, tristeza, negatividad o cualquier otro estado, salte de ahí, dale la vuelta, practica el método PRE y aprovecha para agradecer lo que hay, que siempre es mucho.

LA PRÁCTICA DE PREVENIR

En el tema de las emociones alguna vez escuché decir al doctor Vasant Lad, que el problema es que nos identificamos con ellas como si fueran nuestras y ahí nos quedamos. La solución que propone es que seamos capaces de poner atención y reconocer que las emociones están ahí, pero que son universales, no nuestras. Se sienten y se dejan ir.

Reaccionar significa responder a los estímulos del mundo exterior bajo estrés y de forma automática. Nos puede irritar el tráfico o una actitud negativa de nuestros colegas, jefes o familiares. Es doloroso porque al reaccionar perdemos el control y muchas veces nos genera sentimientos de culpa. Al recuperar

---

[4] Robert Svoboda, *Prakriti*, p 10.

nuestra presencia podemos estar atentos a los impulsos o patrones que nos hacen reaccionar, detenernos, respirar para no hacernos daño o dañar a otros.

Uno se acostumbra a reaccionar ante el mismo evento, por lo que hay que tomar una acción preventiva. Si sabemos que reaccionamos ante lo que me dice otra persona, el tráfico o cualquier evento específico, antes de subirnos al coche o ver a esa persona, hay que hacer consciente el momento y no tomarlo de forma personal, mantenernos en total presencia y practicar el método PRE. De esta forma estaremos presentes en el evento, sin reaccionar ante él.

CAMBIAR DE FRECUENCIA

En el cosmos existen todas las posibilidades para modularnos en la frecuencia correcta y sanarnos: ¿qué frecuencia queremos sintonizar cuando nuestras emociones son de miedo, ansiedad y desequilibrios de la mente? Como dice Doc Childre, autor del libro *La inteligencia del corazón*:

> La elevada vibración de nuestro ser auténtico genera un entramado de amabilidad, respeto y demás cualidades que constituyen las frecuencias cardiacas esenciales para aportar armonía a nuestras interacciones en la vida. De forma espontánea, nuestro corazón irradia cualidades como la gratitud y la compasión cuando nos comunicamos con las personas importantes de nuestro entorno.[5]

---

[5] Doc Childre, *La inteligencia del corazón*, p. 121.

Si necesitamos confianza, contención, equilibrio mental nos apoyamos en los elementos que nos provee la naturaleza para encontrar nuestro balance de nuevo.

Nuestros ancestros se dieron cuenta de que las emociones se guardan en algún órgano del cuerpo. Guardamos la memoria del enojo y la ira en el hígado, la memoria de la tristeza en el páncreas y los pulmones, la del miedo en los riñones y la vejiga; por eso, cuando un profesional en acupuntura o reflexología o algún otro experto en este tipo de terapias nos dice con exactitud lo que tenemos, no es magia, es que lo siente e identifica claramente en los meridianos, los puntos donde hay inflamación o dolor.

Flores de Bach y los problemas emocionales

Usamos la esencia de una flor que trabaje sutilmente con nuestras emociones, como lo hacen las flores de Bach. La esencia de las flores ha sido utilizada por culturas indígenas de Austria, Sudamérica y Egipto. Sin embargo fue el homeópata y bacteriólogo inglés Edward Bach quien estudió y sistematizo su uso. Se dice que las flores alivian condiciones tales como el miedo, la depresión, la angustia, los comportamientos compulsivos, la falta de autoestima y la angustia. Uno de los fundamentos de esta terapia es que, muchas veces, detrás de un padecimiento físico hay un desequilibrio emocional, razón por la cual esta terapia se enfoca en el tratamiento de los mismos.

Reconociendo la individualidad de cada persona, el diagnóstico se hace de forma personal y se hace una combinación de máximo cinco flores para tratar el malestar del paciente.

Existen 38 remedios comprendidos en el sistema floral del doctor Bach. Están compuestos por 34 flores silvestres y tres flores de cultivo y un remedio, que es agua de manantial (*rock water*). Y es la vibración de las mismas la que afecta a nivel energético y sutil el comportamiento del ser humano de forma positiva.

LA MEDITACIÓN

Cuando nos sentamos a meditar en momentos de distracción creamos un espacio en la mente. Las técnicas de meditación nos preparan para salir a la vida y abrazarla con todos nuestros sentidos. Para ello hay tantas técnicas distintas como caminos. Uno experimenta y es el corazón el que nos dice que hemos llegado a casa.

En la tradición de Kundalini Yoga utilizamos mantras, repetición de sonidos específicos para enfocar la mente; ángulos o posturas con los brazos, respiraciones y mudras, posturas que se hacen con los dedos de las manos, para así entrar en estados de meditación profunda. Hay meditaciones desde 11 minutos hasta 62 o más.

También existen muchas otras técnicas de meditación, de la tradición vipassana, sufí, yogui, trascendental, del budismo, zen, por citar algunas. Hay que experimentar y no dejar de intentar algunas de ellas, porque una será la indicada para cada uno de nosotros.

Independientemente de la meditación que se practique, cuando meditamos ponemos nuestra atención en algún objeto o sonido y respiramos con atención y diligencia. Nuestro propósito es evitar la distracción para conectar con el presente.

> La meditación es el arte de romper hábitos, purificar la mente y cuidar las cosas del día a día. ¿Cómo meditar? La meditación es un proceso muy simple. Cuando llega el amanecer, muchos pensamientos comenzarán a llegar a ti, aquellos pensamientos que no deseas tocar: los pensamientos clasificados como X, los pensamientos negativos. Si dejas pasar esos pensamientos, esto es meditación. Si físicamente no te mueves, la mente se aquieta. Es un proceso puramente físico. No necesitas ningún mantra, ni un maestro, ni ninguna técnica, excepto que el lugar donde te sientes sea acogedor, cómodo y tengas la espalda recta. La mente te es dada como una herramienta para servirte. La mente no es tu ama. Ella se convierte en un monstruo cuando se convierte en tu maestro. La mente es un ángel cuando es tu siervo. Todo está en tu mente.[6]

Meditar cuando la mente es caótica

David Frawley, autor del libro *Yoga y Ayurveda*, dice que acercarse a la meditación cuando la mente está muy caótica no es la mejor idea, porque si no se hace adecuadamente podemos perdernos en nuestros pensamientos. Por eso lo primero que hay que aprender es a concentrarse para que la mente no divague. Concentrarse en un mantra o en una visualización: "Permitir

---

[6] Lectura de Yogi Bhajan en Nuevo México.

que sus mentes se muevan libremente mientras buscan el significado más profundo de la vida".[7]

> Visualización de color: oro o azafrán
>
> Mantras: Ram, shrim, hrim en voz baja.
>
> Foco: estabilidad interna y no preocuparse por las fluctuaciones del mundo externo. Soltar la preocupación y la ansiedad.

Meditar cuando se es intenso y perfeccionista

La intensidad y compulsión suelen venir acompañadas de la necesidad de controlar y de ser perfeccionistas, es por eso que Frawley recomienda que el acercamiento a la meditación no sea como una forma de alcanzar o conquistar algo, sino de soltar y liberar sin tener una meta fija; hay que "procurar meditar en un lugar ventilado y mantenerse relajados".

> Visualización de color: azul oscuro, verde esmeralda o blanco.
>
> Mantras: Sham, Shrim, Om
>
> Foco: compasión, perdón, amor y soltar el control y el enojo. Descubrir la luz en el corazón. Practicar el silencio interno.

---

[7] David Frawley, *Yoga & Ayurveda*, p. 67.

Meditar cuando hay baja energía y letargo

Frawley recomienda que para salir del apego emocional y del letargo mental es fundamental meditar para liberar la posesividad y la pesadez en el espacio de la conciencia en donde hay verdadera abundancia. Es más fácil meditar en grupo.

Visualización de color: oro, azul y naranja.

Mantras: Soy independiente, libre y de la naturaleza del espacio.

Enviar energía de amor a todos los seres que sienten.

Foco: Devoción y meditar en el vacío o la luz interna y siempre pensar en ir más allá de las limitaciones. Meditar repitiendo un mantra o practicar diversas técnicas de respiración para mantener la atención.

Cómo meditar

- Busca un lugar, de preferencia silencioso, que elijas específicamente para el propósito de meditar.
- Siéntate con las piernas cruzadas o sobre una silla. Tu espalda deberá estar recta.
- Cierra los ojos y empieza a relajar todo tu cuerpo. Empieza por los músculos faciales y en especial la mandíbula. Siente todo tu cuerpo y todas las sensaciones.

- Observa la sensación del aire que toca los orificios nasales, reconoce si la sensación es fría o caliente, si se transforma con la inhalación y con la exhalación.
- Ahora percibe los sonidos, cualesquiera que sean. No los juzgues.
- Es normal que aparezcan pensamientos, pero no les des importancia y déjalos ir. Poco a poco aprenderás a calmar tu mente y a encontrar calma y paz interior.
- Puedes empezar a meditar de cinco a 20 minutos diarios, hasta meditar por lo menos una hora.
- La mejor hora para meditar es entre las 4:00 y las 6:00 a.m., que es la hora más silenciosa.
- Sin embargo, si eres principiante, escoge una hora temprano por la mañana y trata de practicar siempre a la misma hora.
- Lo más importante es cultivar la disciplina de sentarte para que tu mente se habitúe y tu silencio se vuelva cotidiano.
- Es fácil caer en la costumbre de sentarse a pensar; sé dinámico al sentarte y enfoca tu mente en la respiración o en escuchar y estar atento a observar el proceso de la mente. Cuando te des cuenta de que estas ahí, regresa tu atención a la respiración o a la escucha. Practicar alguna técnica de meditación en grupo, puede ser una buena idea cuando estás empezando a meditar.

APRENDER A CONTEMPLAR

Cuenta un discípulo que cuando estaban cerca de su maestro fuera de clases, todos pasaban horas y horas en silencio. Así estuvieran en un parque, en una habitación o en un centro comercial, el maestro y sus discípulos únicamente contemplaban. Si hablaban era sólo por alguna cuestión práctica. El discípulo aprendió esta forma de estar. Después de varios años, un día el maestro invitó al hermano del discípulo a convivir con ellos. Todos se encontraban en un centro comercial sentados en una silla. Así, simplemente contemplando. El hermano se sentía totalmente ajeno a la situación y se sentía incómodo de que nadie hablara. Trataba de platicar con uno y con otro y todos le contestaban de forma breve. Terminado el evento, el hermano le preguntó al discípulo: "¿Por qué no platican cuando se reúnen?" "Porque no hay nada que decir —contestó—. Simplemente practicamos el arte de contemplar, de observar cómo sucede la vida."

"En la cultura de hoy, en donde nuestra autoestima y valía dependen del nivel de nuestra productividad, usar nuestro tiempo haciendo actividades sin "propósito" es raro, pensar en esto puede incluso producir a muchos ansiedad. Tenemos tanto que hacer y tan poco tiempo, que la idea de pasar el tiempo en nada que no se relacione con la lista de pendientes, crea estrés."[8] Promover en nuestra vida momentos en que disminuimos el ritmo y no tenemos una agenda o un plan, nos ayuda en el proceso de alcanzar la magia de estar presentes.

---

[8] Brené Brown, *The Gifts of Imperfection*, p. 56.

Con el arte de no hacer nada, de contemplar,
caminar por el gusto de hacerlo, oler
la tierra mojada, sentarse en una banca
y observar el movimiento de los árboles,
así recuperamos nuestra presencia.

REFLEXIONES

◆ ¿En qué momentos de tu vida has experimentado la atención plena?

◆ ¿Cuál de las prácticas mencionadas en este capítulo vas a llevar a cabo?

CAPÍTULO IV

La magia de estar presente en la vida diaria

Ya vimos algunas técnicas para cultivar la atención plena y salir de nuestro ritmo automatizado de vida, ese que nos mantiene como hipnotizados, fuera de nosotros mismos, en el acelere.

Una cosa es sentarnos a practicar algún tipo de meditación que nos permita iniciar el día o terminarlo con una cierta frecuencia, provocando un cambio en nuestro cerebro, y otra es darnos espacios para cultivar estar presentes entre una actividad y otra.

¿Pero cómo podemos llevar la atención plena a nuestra vida cotidiana? Partiendo de que todos queremos sentirnos bien. Me gustaría traer a este momento tres aspectos que podemos elegir observar cada día, utilizando el principio de la atención plena:

- Nuestra rutina diaria
- Lo que comemos
- La forma en la que nos relacionamos

LA MAGIA DE ESTAR PRESENTES Y NUESTRA RUTINA DIARIA

El modo en el que nos despertamos, lo que hacemos en nuestro día a día, tienen un impacto en muchos niveles. Las acciones que repetimos todos los días se vuelven hábitos, pero existen distintas opciones para salir del modo de piloto automático y recuperar nuestra presencia plena en nuestra rutina diaria:

Al despertar

Uno de los momentos clave en el que nuestra mente tiende a irse hacia la negatividad o no es al momento de despertar. Si tuvimos una noche de sueño profundo y reparador o estamos a la mitad de la semana, es mucho más simple despertar de buen humor. Pero si dormimos más o menos, es lunes, tenemos una alta carga de trabajo, el solo hecho de escuchar el despertador puede ser el detonante de una marejada de quejas mentales que reflejan nuestro deseo de quedarnos en cama y no salir de ahí.

Por eso despertarse antes de la hora en la que usualmente lo hacemos y realizar lo siguiente es fundamental:

Ponemos el despertador al menos 40 minutos antes de lo que normalmente lo hacemos. Aunque parezca que vamos a "perder" tiempo de sueño, vamos a ganar un día en donde nuestro estado de ánimo será muy diferente.

Una vez que suene el despertador, hay que ponerlo en la función de *snooze* y relajarnos. Comenzamos a percibir nuestra respiración. Frotamos las palmas de las manos y las llevamos al rostro. Recibimos el calor que emana de ellas.

Nos estiramos y posteriormente nos sentamos, ahí sobre la cama o en un lugar que hayamos designado para meditar. Agradecemos.

Cultivamos la gratitud plena

Voy a tomar tiempo para ahondar sobre el tema de la gratitud, que es relevante cuando vemos más los puntos negros de un lienzo blanco, cuando nos quejamos, cuando estamos en modo *¿por qué me pasa esto a mí?* El mejor antídoto que he encontrado es cultivar la gratitud plena.

La palabra "gracias" es tan común que se vuelve trillada o que repetimos cuando estamos en el modo de piloto automático. ¿Qué se agradece? Se agradece lo que hay, porque la vida se expresa por sí misma.

Te cuento una historia:

Un día mi primo me vio muy deprimida y me dijo: "Necesitas salirte de ahí". Y me regaló un libro de Rhonda Byrne llamado *La magia*. No tenía deseos de leerlo, porque de alguna manera tenía catalogada a la autora como *naive* o *new age*. Lo abrí con humildad, porque claro, a veces nos creemos muy intelectuales o muy "sabelotodo" como para leer un libro así.

Hoy en día sólo tengo gratitud para Rhonda Byrne y para mi primo, porque quitaron un velo de la forma más imprevista para que pudiera reconectar y practicar la magia de ser agradecida.

La autora empieza contando cómo era su vida de caótica, llena de deudas, con uno que otro destello de felicidad, con problemas, con una mente negativa hasta que empezó a practicar la gratitud:

> La gratitud es un sentimiento, de modo que la meta última para practicar la gratitud es sentirla deliberadamente tanto como puedas, porque es la fuerza de tu sentimiento lo que acelera la magia en tu vida. La ley de Newton es un empate: lo que das, es lo que recibes en igual medida. Cuando descubras que basta con un poco de práctica para incorporar la gratitud en tu vida cotidiana y veas por ti mismo los resultados mágicos, no desearás regresar a tu vida anterior.[1]

Byrne propone en su libro un programa de 28 días en los que puedes practicar la gratitud en diferentes facetas de la vida. Algunos para agradecer lo que tienes y lo que has recibido en el pasado, otros para los sueños y lo que deseas conseguir, y por último para agradecer a cada una de tus células y ayudar a otras personas a superar la negatividad.

El ejercicio que recomienda es el de enumerar tus bendiciones: dar las gracias por las cosas que sí tienes hoy, por el dinero que tienes, por tus relaciones, por el trabajo, por la salud, porque tienes dos ojos, una cama donde dormir, una estufa para calentar tus alimentos, un refrigerador para guardarlos y agua caliente para bañarte.

---

[1] Rhonda Byrne, *La magia*, p. 19.

> "Mejor es perder la cuenta enumerando tus bendiciones que perder tus bendiciones enumerando tus problemas."
>
> MALTBIE D. BABCOCK

Una de mis autoras favoritas es Brené Brown, quien además de autora es investigadora de la Universidad de Houston. En su libro *Los regalos de la imperfección* cuenta la historia de un estudio que hizo sobre la gratitud y la alegría, y descubrió lo siguiente: que sin excepción, cada persona a la que entrevistó y dijo tener alegría, practicaba la gratitud y atribuían su alegría a la práctica de la misma. Que la alegría y la gratitud fueron descritas como prácticas espirituales unidas a la creencia humana de interconexión y de un poder superior al de los humanos.[2]

Usamos la gratitud como una palabra al aire, cuando lo que necesitamos es practicarla, literalmente aprender a darnos el espacio para vibrar con ella, darle espacio para sentirla en el corazón, en el cuerpo, en la mente, como conciencia unificada.

Lo que realmente importa son los momentos y las experiencias de la vida. Los objetos materiales, el *statu quo*, el éxito, la

---

[2] Brené Brown, *op. cit.*, p. 78.

fama, el reconocimiento, nunca serán tan poderosos como los momentos más básicos de la vida. Esas comidas con tu familia o con tus amigos, caminar por la calle y recibir un rayo del sol o el abrazo de un ser querido.

Muchas veces pensamos que algo extraordinario nos debe pasar para tener alegría, o que tenemos que ser aceptados para ser mejores, tener un reconocimiento público o hacer algo para encajar en cierto círculo social. O tenemos miedo de no pertenecer o de que lo peor está por sucedernos, es por eso que como dice Brown, "al practicar la gratitud y la alegría, podemos sostenernos en los tiempos difíciles, que son inevitables".[3] Por ejemplo, los momentos más hermosos de mi vida los recuerdo en un comedor de mi casa, desayunando con mis hermanas y mis papás, jugando una tarde Legos con mi hijo o teniendo una buena conversación en la banca de un parque con algún amigo.

Nos compramos la idea de que necesitamos más, pero la gente más feliz que he conocido no necesariamente es la que tiene más cosas o más reconocimiento, muchas veces es todo lo contrario. Pensamos que necesitamos tener más, cuando a lo mejor lo que necesitamos es gastar menos y disfrutar más.

Comprendo que es fácil pensar que no somos suficiente, que nos hace falta algo o quejarnos o preocuparnos por lo que no hay, lo que no somos, o sentirnos inadecuados o preocuparnos por no haber logrado algo, pero eso sólo nos conecta con lo que la autora Lyne Twiste define en su libro *The Soul of Money* como: "Lo que empieza como una simple expresión de la vida ajetreada, crece como la gran justificación de una vida

---

[3] *Ibid.*, p. 82.

insatisfecha".[4] Brown concluye diciendo que todos deseamos más alegría, porque carecemos de un sentido de gratitud, mientras que Lyne propone escoger una mentalidad de suficiencia:

> Cada uno de nosotros tenemos la capacidad de dejar la mentalidad de escasez. Cuando dejamos la escasez, descubrimos la sorpresiva verdad de la suficiencia. Por suficiencia no me refiero a la cantidad de nada. La suficiencia no es dos pasos de la pobreza o un paso menos de abundancia. No es una medida de "apenas suficiente" o "más que suficiente". La suficiencia no tiene que ver con una medida. Es una experiencia, un contexto en el que generamos, una declaración, saber que hay suficiente y que somos suficientes. La suficiencia es conciencia, atención, un modo intencional de escoger cómo pensamos sobre nuestras circunstancias.[5]

Por eso, abrir el espacio de la gratitud por la mañana nos sintoniza en otra frecuencia, nos mantiene alertas para recibir las impresiones del día desde otro ángulo.

Después de agradecer:

1. Bebemos agua tibia en ayunas
   Puede ser un té de jengibre, té verde, té de canela o matcha.
   El objetivo es estimular nuestro sistema digestivo y evitar darle café o dulce en ayunas a nuestro cuerpo. Así

---

[4] Lyne Twist, *The Soul of Money: Transforming Your Relationship with Money and Life*, p. 44.
[5] *Ibid.*, p. 75.

mantenemos al menos un ayuno de 12 horas para mejorar la salud digestiva.

2. Observamos nuestra lengua
Porque el cuerpo siempre nos da señales de una u otra forma.

Observamos el color de la lengua: si está blanquecina, cambiamos nuestra dieta tal y como se indica en el capítulo sobre la digestión. Limpiamos la lengua con una cuchara o un limpialenguas para eliminar toxinas y tener un aliento fresco.

3. Meditamos o practicamos el movimiento consciente
Es el momento de realizar con lentitud cinco saludos al sol o sentarse a practicar alguna técnica de meditación. Diez minutos pueden ser el principio de un hábito que cambiará tu vida para siempre.

El tema del movimiento tiene que ver con ser capaces de movernos con presencia. Cuando practicamos posturas de yoga o *asanas*, es una forma de cultivar la conciencia corporal y mantener la salud de las articulaciones y del cuerpo. Cuando dejamos de movernos, las articulaciones se vuelven rígidas. Cuando no somos conscientes de nuestra postura, ésta eventualmente puede deformarse.

Por las mañanas y antes de dormir, practicamos la gratitud plena.

❖

La postura del cuerpo

Hace algunos años comencé a darle clases de yoga a Matilda, una señora de 85 años. Al platicar con ella, me comentó que se encontraba deprimida, que no le encontraba sentido a la vida, que se irritaba con facilidad y que tenía dolor en las vértebras lumbares y en las articulaciones. Al preguntarle sobre su estilo de vida, supe que pasaba muchas horas sentada frente al televisor y que sus hombros estaban contraídos hacia delante y estaba totalmente jorobada.

Comenzamos a trabajar con tres ejercicios básicos. El primero fue hacerla consciente de su respiración, que era muy corta e irregular, y así aprendió la respiración profunda; el segundo fue un entrenamiento para mejorar su postura. Trabajamos en colocar los hombros justo debajo de la cadera y en realizar ciertas posturas simples para alargar su columna vertebral y generar más espacio entre las vértebras que se encontraban contraídas por todo el tiempo que pasaba sentada frente al televisor. Y por último, pasamos a la serie básica para trabajar con las articulaciones. En menos de dos semanas Matilda reportó sentirse con mucho mejor ánimo y con más vitalidad.

Entiendo que a veces pasamos horas transportándonos de un lugar a otro o sentados enfrente de una computadora. La situación es que cuando pasamos mucho tiempo sentados, el espacio en nuestras vértebras se va acortando y nuestra postura se va deformando poco a poco. La columna vertebral es como una manguera. Si tenemos una manguera doblada, el flujo de agua será débil. De la misma manera, si nuestra columna vertebral está encorvada, el flujo de la energía vital o *prana* será débil.

Observar tu postura, tu respiración y realizar estiramientos de yoga básicos es algo que puedes practicar, independientemente de tu edad y tu condición física. Si hoy te sientes poco flexible y tu postura no es la adecuada, ¿puedes imaginarte cómo te vas a sentir dentro de 15 o 20 años?

Alguna vez, platicando con Tenzin Wangyal Rinpoche, comentó que como es nuestra postura física es nuestra postura mental. Una persona con los brazos o las piernas cruzadas mientras charla con alguien más, simboliza a alguien que no está abierto a escuchar a los demás o nuevas opiniones. Muchas de las personas que se encuentran deprimidas o con poca energía suelen tener una postura encorvada y tener los hombros hacia delante. Por eso es fundamental observar cómo es nuestra postura en los diferentes momentos de la vida.

En los *Yoga Sutras*, que compiló el sabio Patanjali, se explica en el capítulo II, verso 46, que nuestra postura debe ser estable y cómoda (*sthira* —estable—, *sukha* —gozoso—, *asana* —postura—). Es decir, debe ser adecuada para inmovilizar el cuerpo y cómoda para no interferir con la concentración mental. Nosotros podemos cultivar una postura adecuada con tan sólo colocar los hombros debajo de la cadera mientras caminamos, charlamos o manejamos. Cuando tenemos una postura adecuada y una columna vertebral erguida, podemos encontrar espacios de silencio y de relajación para, desde ese espacio, ser capaces de enfrentar cualquier cosa en la vida con una respuesta y no una reacción. Y es que nuestra postura física nos ayuda a descansar los sentidos y a aprender a relajarnos de forma muy profunda.

Así pues, en nuestra rutina diaria practiquemos sentir cómo el peso del cuerpo cae hacia los pies y no cargar todo el peso en los hombros; observemos si apretamos la mandíbula o tensamos la mirada o apretamos la zona de la cadera. Al hacer un escaneo del cuerpo en los distintos momentos del día, podemos hacer nuestra práctica de meditación y de yoga sin necesidad de un tapete ni de gastar un solo peso.

Darnos tiempo

Por querer dormir un poco más o "ganar tiempo" andamos corriendo. Así entramos en el modo estrés. Es preferible hacer menos cosas, pero tener tiempo para disfrutar el proceso de las mismas. Dejar espacios muertos en nuestras agendas para llegar antes a una cita, leer un libro, contemplar lo que sucede en el lugar en el que estamos, platicar con alguien que esté en el lugar con curiosidad y apertura, darnos tiempo para estar. Nuestra agenda ha de tener espacios para calcular los imprevistos, el tráfico, un accidente o un tiempo extra para sentarnos en una banca estando con lo que es.

La cualidad de las cosas que vivimos se transforma cuando nos damos tiempo. Hay que darnos tiempo hasta para ir al baño, sin prisas, permitir que el proceso de eliminación suceda, sin apresurarlo. Hay que darnos tiempo para preparar los alimentos, tener una charla de corazón a corazón con nuestros seres queridos y entregarnos al proceso del amor con todos nuestros sentidos, con toda la piel del cuerpo, no como un intercambio automático entre órganos genitales. Hay que darnos tiempo en el día a día para cultivar relaciones que no sean sólo de trabajo, sino de vida.

> # "Como es la postura de nuestro cuerpo es la postura de nuestra mente y viceversa."
>
> Tenzin Wangyal Rinpoche

LA MAGIA DE ESTAR PRESENTES Y LO QUE COMEMOS

Nuestros alimentos, nuestra comida y la naturaleza son una sola identidad. Nuestros fluidos son los mismos que los de la leche de coco; el corazón de la alcachofa es el mismo que nuestro corazón; el frijol es igual que nuestros riñones; las hojas de un árbol son igual que nuestros pulmones. Pero nos percibimos diferentes de los árboles y las plantas, de los animales y de los pájaros, de los organismos unicelulares. Los vemos como afuera de nosotros. Similarmente, percibimos los alimentos como separados. En realidad, nuestra percepción existe con la misma luz de la conciencia que existen los alimentos, los animales y los principios del cosmos. Los alimentos nos sostienen y se merecen una gran reverencia.[6]

Lo que elegimos comer, la forma en la que lo comemos, tiene un impacto en nuestra psique, en nuestro cuerpo, en nuestras

---

[6] Maya Tiwari, *A Life Balance*, p. 130.

emociones. La base de la salud se inicia cultivando un fuego digestivo sano. Por ejemplo, si alguna vez has cocinado algo, sabrás que necesitas un buen fuego para que los alimentos se cocinen adecuadamente. Asimismo, interiormente tenemos un fuego digestivo que es el encargado de digerir y asimilar los alimentos que le proveemos. Un fuego digestivo débil no nos permite asimilar y digerir los nutrientes, nos intoxicamos y eventualmente enfermamos.

El fuego digestivo es un concepto muy poderoso en la medicina Ayurveda. En sánscrito, *agni* significa fuego digestivo y se describe así:

A = Atención

G = Gobierna el sistema metabólico

N = Neutraliza toxinas

I = Inteligencia suprema

"Agni significa la fuerza que transforma. No es simplemente el fuego en su sentido elemental, sino todos los potenciales de calor, luz y electricidad. El fuego divino es el origen de la vida, la luz y el amor: los poderes del alma que nos motivan internamente."[7] Su buen funcionamiento es la clave para tener una buena salud, ya que nos ayuda a asimilar nutrientes y eliminar desechos y toxinas. Cuando nuestro fuego digestivo está en equilibrio, tenemos vitalidad; cuando está débil, deja toxinas (*ama*) que interfieren con el flujo de la sangre, linfa y energía a través del cuerpo. Cuando no nos podemos liberar de las toxinas y éstas se acumulan, pueden llevarnos a ganar peso y a

---

[7] David Frawley, *op. cit.*, p. 105.

producir enfermedad. Tal y como explica David Frawley, hemos de crear el fuego de la curación para estar bien y sostener una salud positiva y vitalidad. El *agni* es la base de nuestra salud.

Un fuego digestivo sano es conocido como *sama agni*, y se reconoce de la siguiente forma:

1. Defecación al menos una vez al día, de preferencia en las mañanas, y las heces fecales tienen la forma de un plátano; no tienen olor.
2. El metabolismo está equilibrado.
3. Hay vitalidad y salud.
4. El sistema inmunológico está sano.
5. La mente es clara y lúcida.

Cómo mantener la salud de nuestro fuego digestivo

En general, para estar presentes con nuestra digestión se recomienda lo siguiente:

1. Elegir nuestros alimentos

   Como explicaba anteriormente, es fácil caer en el flujo del sistema y comer lo que nos ofrecen por placer o por rapidez y sin reparar en elegir los alimentos que sean el combustible que necesita nuestro organismo para funcionar bien. Cuando sólo elegimos productos empaquetados o con conservadores, nos exponemos a enfermarnos, porque nuestro organismo no reconoce esas sustancias que, a largo plazo, nos dejan con menos energía y nos desequilibran.

   Elijamos comer alimentos con energía vital y frescos, que recientemente hayan estado cerca del sol para que nutran el cuerpo y la mente, como verduras, hortalizas, arroz, frijoles. Recuerda que al comer la meta es absorber el *prana*, la fuerza de la vida, para que tus alimentos vitalicen el cuerpo y no te conviertas en un ser pesado y sedentario.

2. Intención al cocinarlos

"Somos lo que comemos", es un dicho común que quizá ya has escuchado, pero lo interesante es que no sólo somos lo que comemos sino como dice Usha Lad: "Somos lo que digerimos y la digestión inicia desde el momento en el que vamos a comprar nuestros alimentos".

3. El ritual de comer

En la Edad Media se comía en silencio. Cuando no existían los celulares, uno comía y disfrutaba de una buena charla. Hoy comemos viendo el celular, la televisión, una tablet o todo al mismo tiempo. Cuando intentamos entablar una conversación, aparece el sonido de una notificación que nos distrae por completo y regresamos la mirada abajo, como absortos, perdidos en el mundo digital.

Cuando me di cuenta de esto, decidí establecer la regla en casa con mi hijo de no usar ningún aparato telefónico a la hora de la comida, fuera en nuestra casa o en un restaurante, aunque esto implicara inventar un juego o una historia o a él le pareciera el momento más aburrido de la vida. Nuestros cuerpos son sagrados y estar presentes en el momento de alimentarnos es una de las grandes prácticas para recuperar nuestra atención.

¿Cómo hacerlo?

a. Muchas veces, con tantas cosas que hacemos, comemos mecánicamente, sólo porque ha llegado la hora de comer. Y en ocasiones, ni siquiera tenemos hambre. Vale la pena preguntarnos antes de comer si sentimos hambre, de lo contrario, puede ser que nuestro sistema esté terminando de digerir los alimentos consumidos anteriormente.

b. Agradecemos que hoy tenemos qué comer y a la persona que preparó los alimentos. Es sólo un momento de atención plena.

c. Recibimos la nutrición de lo que comemos a través del sentido del olfato. Por eso nos damos un momento, hacemos una pausa para oler los alimentos que comemos. De esta forma se empieza a activar el proceso digestivo.

d. Comemos nuestros alimentos en un ambiente limpio, tranquilo, de preferencia silencioso y en la compañía de seres queridos. Evitamos comer y al mismo tiempo ver televisión, trabajar en la computadora o hablar por el celular. Hacemos de nuestras comidas un momento sagrado.

e. Masticamos por lo menos 30 veces nuestros alimentos y no comemos ni muy rápido ni muy lento.

f. La cantidad de comida que nuestro organismo requiere es la que nos cabría si juntáramos nuestras dos manos. Tratamos de dejar vacía una tercera parte del estómago.

g. Al comer, no bebemos agua fría. ¿Por qué crees que los chinos y los japoneses tienen tan buena salud? Porque en general beben bebidas calientes. Nuestro organismo tiene una temperatura cálida por dentro y tomar bebidas frías solamente retrasará el proceso digestivo. Bebemos pequeños sorbos de agua tibia con un poco de limón o té verde.

h. La comida principal ha de ser entre el mediodía y las tres de la tarde, cuando la capacidad digestiva es mayor.

i. No comemos entre comidas. El sistema digestivo toma de tres a seis horas para digerir los alimentos. Damos tiempo a nuestro organismo.

j. Cenamos ligero y dejamos al menos 12 horas de ayuno para permitir el descanso de nuestros órganos digestivos mientras dormimos.

Sugerencias al terminar de comer:

1. La sobremesa es importante. No es recomendable levantarnos abruptamente de la mesa y correr a seguir con nuestras actividades. Reposamos nuestra comida por lo menos 10 minutos.

2. Caminamos por lo menos 200 pasos después de comer.

3. Luego de esta caminata, si es posible, nos recostamos sobre el lado izquierdo, para respirar predominantemente a través de la fosa nasal derecha y propiciar una mejor digestión. La siesta debe durar de 10 a 20 minutos máximo.

Por otro lado, los hábitos alimenticios incorrectos que afectan la salud de nuestro sistema digestivo son:

1. Comer en exceso.

2. Comer entre comidas.

3. Tomar agua fría con los alimentos.

4. Comer muy tarde.

5. Comer sin hambre.

6. Comer cuando estamos enojados, muy tristes o muy emocionales.

Técnica para estimular el fuego digestivo: tomar una taza de agua caliente con unas gotas de limón antes de comer. Si se padece de gastritis, colitis o acidez, preferir el agua caliente sin limón.

Los alimentos que carecen de energía vital son:

- Alimentos que son muy pesados, grasosos y procesados.
- Las grasas saturadas que no pueden metabolizarse en nuestro organismo son una de las causas que hacen que nuestros niveles de colesterol sean altos y que podamos desarrollar enfermedades como presión arterial alta, obesidad y diabetes, entre otras.
- Las grasas son muy importantes, pero hay que preferir consumir aceite de oliva prensado en frío, no cocinado, sino crudo. Lo podemos agregar a sopas, guisados o ensaladas. Preferir también la grasa que proviene de las nueces y del aguacate.
- El azúcar y las harinas refinadas que han perdido sus nutrientes a la larga nos ocasionan fatiga. Evitemos los sustitos de azúcar que tienen una gran cantidad de químicos, y en todo caso preferimos el azúcar mascabado, la miel de agave, el piloncillo o la miel de abeja.
- Comida cocinada en el horno de microondas.

- Alimentos congelados que ya no están frescos.
- Los alimentos enlatados o empaquetados que carecen de energía vital y que contienen alta cantidad de químicos y conservadores.
- Los alimentos producidos en el laboratorio que quizá no han recibido la luz del sol, los minerales de la tierra, el oxígeno, y que nos han sacado de nuestros ritmos naturales.

Sin embargo, no hay que volvernos obsesivos con la alimentación. Las dietas suelen hacerse por un tiempo y luego se retoman los antiguos hábitos. Mejor hay que incluir hábitos que nos favorezcan y que podamos ir incluyendo en nuestra vida para siempre, poco a poco.

Los alimentos pueden ser un veneno o una enfermedad, dependiendo de quién eres y en qué momento de la vida te encuentres, pues en cada etapa de la vida los hábitos se van modificando. Hoy el picante puede ser un sabor que nos genere salud, mañana puede producirte gastritis. O al revés.

¿Cómo saber si estás intoxicado?

1. Todas las mañanas puedes ver tu lengua en el espejo. Ésta es una herramienta de diagnóstico muy antigua de la que platicamos anteriormente. Si nuestra lengua está blanca, quiere decir que todo nuestro sistema está intoxicado.

2. La segunda forma es preguntarte cómo te sientes.

   Si llevas una temporada sintiéndote aletargado, sin energía, con poca claridad y mala digestión, esto también es un
   síntoma de intoxicación.

3. Revisa tu proceso de eliminación.

   La medicina ayurvédica nos enseña que cuando nuestra
   digestión es adecuada, lo normal es que nuestra eliminación suceda de forma diaria, por las mañanas, y que el
   excremento tenga la forma de un plátano y flote en el es-
   cusado.

¿Qué hacer cuando estás intoxicado?

1. Toma un vaso de agua tibia en ayunas a sorbitos. De esta
   forma estimularás tu sistema digestivo y liberarás toxinas.

2. Come de forma simple. Entre más sabores y diferentes tipos de alimentos incluya tu dieta, más difícil te será di-
   gerirlos. Una dieta sencilla, por ejemplo, como la comida
   japonesa, es ideal. El buffet o las degustaciones de varios
   platillos no son muy favorables para la buena digestión,
   porque el trabajo que hace el sistema digestivo es mayor
   que si comes de forma simple.

3. Puedes hacer una dieta de desintoxicación por uno o varios días en donde comas únicamente manzana cocida por
   la mañana, arroz al vapor con verduras por la tarde y en
   la noche repitas la manzana cocida. Tomas agua simple al
   tiempo y té de manzanilla. Esta dieta te ayudará a limpiar
   tu organismo.

4. Haz la monodieta de manzana y un ritual de desintoxicación física y psíquica.

Ritual de desintoxicación

Al menos una vez cada tres meses me regalo este ritual para estar bien:

1. Cancelo todos mis compromisos con antelación. Le aviso a la gente más cercana que estaré en retiro y que no contestaré mis teléfonos. Apago todos los teléfonos.
2. Un día antes del ritual, compro los siguientes ingredientes: una veladora de color blanco, un ramillete de manzanilla, aceite natural de ajonjolí o pepita de uva. Arroz blanco. Verduras como zanahoria, calabaza, brócoli y papa. Frutas deliciosas como mango, mamey, papaya. Jengibre fresco. Miel de abeja. Limón. Flores. Incienso.
3. Al otro día, me levanto y sobre una mesa preparo un altar. Prendo la vela, el incienso y pongo las flores que compré el día anterior. Medito un momento en silencio y tengo la intención de regalarme ese día sólo para mí.
4. La dieta de este día es de desintoxicación. Por la mañana como únicamente frutas y tomo té de jengibre con un poco de miel y limón. Si mi cuerpo lo pide, duermo el tiempo que sea necesario, pongo música relajante y aprovecho para escribir o leer ese libro que he tenido olvidado por meses.

5. Como únicamente manzanas verdes. Manzana en jugo o a mordidas, pero solamente manzanas verdes. Como con atención, en silencio. Agradezco plenamente los alimentos.

6. Si quiero hacer una intención la apunto sobre una hoja. Doblo el papel y lo pongo debajo de la veladora blanca. Vuelvo a meditar en silencio enfrente de mi altar.

7. Al atardecer pongo al menos tres litros de agua a hervir, y una vez que está hirviendo agrego el ramillete de manzanilla. Dejo que hierva por cinco minutos, luego lo dejo reposar. Mientras el agua reposa, caliento a baño maría el aceite, luego lo unto sobre mi cuerpo en forma de pequeños círculos. No me olvido de las orejas y agrego un poco en la coronilla.

8. Por último, ya sea en una tina o en una cubeta grande, cuelo el té de manzanilla y pongo el agua fría que sea necesaria para que el agua esté a una temperatura agradable. Con un tazón vierto el agua por todo mi cuerpo y después, tratando de mantener el cuerpo cubierto, agradezco el día y me voy a dormir.

Procuro que los alimentos que combino sean compatibles. Algunos alimentos incompatibles son:

- La leche no es compatible con el limón; las frutas, sobre todo el plátano, la sandía y el melón, no son compatibles con la carne, el pescado, el yogurt, el queso ni el pepino.
- El yogurt es incompatible con la leche, el queso, el plátano, el mango, la carne, el pescado. Es preferible no comer

yogurt de noche y evitarlo si mi cuerpo está intoxicado. Tampoco es recomendable combinarlo con alimentos calientes.

- El huevo es incompatible con la leche, el queso, el yogurt, la carne, las frutas.
- La carne es incompatible con la leche, el queso, el vinagre.
- En general las frutas, la leche y el yogurt no se deben de combinar con otros alimentos.

Los alimentos tienen un efecto sobre la mente

Alimentos que dan energía: cebolla, ajo, jengibre y chile.

Alimentos que dan claridad mental: fruta, agua, espirulina, té verde, germinados.

Alimentos que dan pesadez mental: quesos, lácteos, embutidos, tubérculos.

Postura para estimular el sistema digestivo

Cuando te sientas indigesto, padezcas de estreñimiento o tu abdomen esté tenso, siéntate con las piernas cruzadas y la espalda recta. Pon las manos sobre las rodillas. Cierra los ojos y siente tus órganos internos. Con mucha lentitud y calma, empieza a realizar giros con el torso hacia delante y hacia atrás. Siente cómo estás estimulando los órganos internos y en especial los intestinos. Realiza 10 círculos en una dirección y 10 en sentido contrario y luego relájate sobre la espalda y abraza tus rodillas en dirección al pecho. Quédate en esa postura unos minutos y descansa. Antes y después de realizarla, toma una taza de agua tibia a sorbitos.

LA MAGIA DE ESTAR PRESENTES Y LA FORMA EN LA QUE NOS RELACIONAMOS

Aquí te comparto algunos principios para relacionarnos con nosotros mismos y con los otros. Éstos los propuso Patanjali, el compilador de las enseñanzas yóguicas, y me parecen principios universales y acertados como un medio para experimentar la vida y nuestras relaciones de forma integral y armónica. Los dejo a tu consideración.

Yamas. Los códigos sociales

1. *Ahimsa*, la no violencia
Siempre he creído que si a todos nos enseñaran desde niños a abstenernos de dañar a otros en nuestro pensamiento, palabra o acción, este mundo sería más agradable. En su definición más ortodoxa, *ahimsa* en realidad se trata de no hacer daño a ningún ser viviente, y esto incluye al mundo animal. Entiendo que no todos estamos listos para ser vegetarianos, pero sí podemos abstenernos de herir física, verbal o en nuestros pensamientos a las personas; sí podemos evitar ser crueles o violentos con los otros y con nosotros mismos. La vida es lo más sagrado que existe. También podemos practicar el poderoso mantra: "Si no vas a decir algo bueno del otro, mejor no digas nada".[8]

---

[8] Frase pronunciada durante una clase por Yogi Bhajan.

El principio de la no violencia lo podemos practicar en todos los momento de la vida, pues la violencia no necesariamente se expresa de forma física, se puede expresar con un pensamiento, con un gesto, con una intención. Observo mi interacción con los otros, mis pensamientos, mis intenciones. Tomo responsabilidad cuando mi comportamiento es dañino y detengo el daño causado por otros. Juzgar a los otros también es una forma de violencia.

"Lo que pensamos de nosotros y de otros puede ser tan poderoso como el hecho físico de dañar a otro."

JUDITH LASATER

Siete formas de practicar la no violencia

1. Si me es posible tengo un negocio que sea ecológico.
2. Soy gentil conmigo mismo, sobre todo cuando me equivoco.
3. Me pongo en el lugar del otro.
4. Observo con atención mis pensamientos, intenciones y acciones.

5. Practico acciones que no sean violentas con mi cuerpo.

6. Descanso cuando mi cuerpo lo necesita para promover la vida.

7. Digo que no a los otros, cuando lo que necesito es descansar.

2. *Satya*, ser verdadero

Esta observancia nos invita a ser impecables en nuestros pensamientos, palabras y acciones. A actuar con integridad y honestidad. El principio de la honestidad, el ser verdadero (*satya*), es la segunda de las observancias sociales (*yamas*) que propone el yoga. Se traduce como "correcta comunicación"; el "ser verdadero" hace referencia a ser impecables con nuestros sentimientos, pensamientos, palabras y acciones. Ser honestos con nuestra realidad. No sé cómo será el resultado de mis acciones, pero sí cuál es mi intención, la pureza de mi pensamiento.

De la misma forma en que observamos nuestra respiración al hacer una postura de yoga, podemos estar atentos y observar cómo reaccionamos ante las circunstancias de la vida. A veces reaccionaremos emocionalmente. A veces seremos capaces de respirar profundo y mantener la calma. Pero observar la reacción es la mejor forma de empezar a practicar la congruencia, recordando siempre que simplemente somos seres humanos en busca del balance.

3. *Asteya*, ausencia de codicia

Esta observancia nos invita a no robar y se relaciona con el tema de la honestidad y con el tema del karma.

La filosofía detrás de este principio es que a cada acción corresponde una reacción. Si nosotros hacemos acciones positivas, esto tendrá un efecto positivo que se multiplicará y estaremos cumpliendo con nuestro *dharma* o nuestra buena intención de vida. Cuando sembramos semillas positivas, observando las cualidades de las otras personas, tenemos pensamientos de paz hacia las personas, cuando somos congruentes con el trabajo que realizamos a diario o hacemos algo para ayudar a los otros de forma desinteresada, estamos cumpliendo con nuestro dharma.

Si nuestras acciones no son honestas o son violentas, entonces el efecto eventualmente regresará a nosotros de esa misma forma.

Esta visión sobre el *karma* transformó por completo mi percepción de la honestidad, porque lejos de ser un "mandamiento religioso", un valor por sí mismo inculcado socialmente, tenía una connotación totalmente personal. La honestidad, más que ser una cuestión de no robar o tomar lo que no nos pertenece, pasa por respeto de no tomar lo de los otros y la consecuencia al hacerlo es totalmente personal, mucho más allá de si alguien se da o no se da cuenta. Si uno va a un hotel y se lleva todas las botellas de champú para su casa o bolillos de un buffet en la bolsa, ¿realmente los necesita en ese momento?, ¿le pertenecen?

Formas de practicar Asteya

    a. Pedir solo los alimentos que te vas a comer en un restaurante, para no desperdiciar.

    b. No llevarte las amenidades de los hoteles si no las necesitas.

c. No tomar lo que no te pertenece.

d. No cuadrar las cuentas que tienes que entregar, sino ser honestos al entregar las cuentas como son.

e. Ser impecables en nuestras acciones y pensamientos.

4. *Bramacharya*, cuidar nuestra energía

A nivel energético, nuestro ser afecta a todos aquellos con los que nos rodeamos, y de la misma manera las personas con las que nos relacionamos tienen un efecto sobre nosotros.

El cuarto *yama*, *bramacharya*, tiene que ver con la moderación en nuestras acciones y en la invitación a guardar nuestra energía física, sexual y emocional, a usarla con sabiduría. Cuidar nuestra energía es fundamental en estos momentos en los que el mundo demanda mucho de nosotros. Notificaciones que entran a nuestros celulares una tras otra; invitaciones para hacer una actividad u otra; compromisos laborales o familiares a los que no nos atrevemos a decir "no", aun cuando estemos agotados hasta el cansancio, o hablar sin parar y pensar mucho son formas en las que no cuidamos nuestra energía. Como sociedad hemos de procurar nuestra energía en todas sus formas.

La energía sexual

¿Cuidas tu energía sexual? En estos tiempos tener muchas relaciones sexuales con distintas parejas o personas es cada vez más normal. Creemos que somos solamente este cuerpo físico y que si nos protegemos con un preservativo, nada podrá sucedernos. En las tradiciones védicas nos enseñan que cada relación sexual tiene un efecto a nivel de nuestra energía. Cada vez que nos relacionamos con nuestros amigos o sexualmente, compartimos nuestras cargas energéticas positivas y negativas. Al tener una relación sexual estamos recibiendo todo lo que esa persona con la que nos estamos relacionando carga, sus miedos, sus preocupaciones, y sobre todo en el caso de la mujer, ya que la matriz lo recibe y lo percibe todo. Para limpiarnos de una relación sexual tenemos que meditar por lo menos 40 días. Algunas tradiciones aseguran que la energía sexual del hombre se queda en nosotros por lo menos un año, así que hay que pensar dos veces antes de tener relaciones sexuales casuales. Relacionarnos con alguien sexualmente o no nos puede cargar o quitar energía. ¿Con quién nos estamos relacionando el día de hoy?

"Por mi salud física y emocional, aprendo a cuidar mi energía y pongo atención en ver con quién me relaciono."

5. *Aprarigraha*, cuidar la ambición

Esta observancia nos invita a cuidar la ambición en los siguientes aspectos:

- La acumulación de objetos. En el mundo Occidental le damos un gran valor a la acumulación de objetos y bienes materiales. Hoy tengo unos zapatos de lujo, pero mañana quiero otra bolsa porque en menos de seis meses la bolsa anterior estará pasada de moda. O si finalmente logro comprarme el auto de mis sueños, no estoy satisfecho y deseo tener uno aún mejor. Me cuestiono cuando quiero tener más. ¿Realmente lo necesito? ¿De dónde proviene esta necesidad de querer tener más? Desearlo ¿es algo real o es una proposición de mi mente?

- Valgo por lo que tengo. Además de cuidar la ambición y estar obsesionado con querer tener más, hay que cuidar no inventarnos identidades, roles o imágenes y creer que esto nos va a dar la felicidad. Vale la pena siempre reflexionar sobre nuestra verdadera naturaleza.

- Ser alguien diferente de quien soy. La tercera perspectiva de *aparigraha* tiene que ver con desear ser alguien diferente de quien soy o tener algo que alguien más tiene. Sin embargo, ¿quién nos asegura que esa persona realmente es feliz o no en su vida? Me reconozco como soy para no sentir más la necesidad de tratar de ser alguien diferente. No me comparo con el otro y mantengo la mirada interna de reconocer y aceptar quien soy.

- Alcanzar el éxito y querer cada vez más. La cuarta perspectiva tiene que ver con la ambición de siempre querer más. Muchas veces, si estamos de vacaciones en un lugar, ya estamos pensando en otro más sofisticado para ir en la siguiente oportunidad. O si nos dieron un nuevo cargo en el trabajo, de inmediato estoy pensando en cómo escalar para tener un puesto mejor. Vivir de esta forma nos puede ocasionar ansiedad y aquí vale la pena reflexionar si realmente necesitamos lo que anhelamos.

Formas de practicar aparigraha

- Antes de comprar cualquier objeto, reflexiono si realmente lo necesito o si únicamente lo estoy comprando para estar a la moda o impresionar a los demás.
- Todas las mañanas tomo un momento para cerrar mis ojos, respirar profundo y repetir internamente: "Tengo todo lo que necesito, todas mis necesidades están cubiertas, soy perfecto tal y como soy".
- Cada vez que quiero ser otra persona, recuerdo que el contentamiento interior inicia cuando me acepto como soy y que no tiene nada que ver con las identidades u objetos externos.
- Respeto el lugar y la situación en la que estoy en cada momento de la vida, y simplemente hago lo que puedo con mi mejor intención.
- Repito el mantra todos los días: "Tengo todo lo que necesito, todas mis necesidades están cubiertas, soy perfecto tal y como soy".

Niyamas

Los *niyamas* hacen referencia a las observancias personales que podemos seguir para mantener limpia nuestra mente.

1. *Pureza, Shaucha.*
No sé si te ha pasado que por algún motivo tratas de empezar nuevos proyectos, pero tienes tantos papeles en tu escritorio que por más que lo intentas no puedes avanzar, o que tu clóset empieza a estar lleno de ropa y a verse desordenado porque ya no sabes en dónde guardar las cosas, o que tienes demasiados objetos decorativos que no tienen ninguna función práctica y sólo generan más desorden.

Si es así, a través de la práctica del yoga podemos practicar el arte de la pureza para permitir que la energía fluya y abrir el espacio de la abundancia en nuestra vida. La purificación la podemos practicar externa e internamente, y en el ámbito de nuestro hogar y nuestro trabajo podemos hacer estos cambios:

En nuestro escritorio:
- Tirar los papeles que ya no sirven.
- Arreglar nuestros archivos. Podemos comprar fólders y comenzar a organizar papeles de la misma categoría en cada uno.
- Mandar a la papelera de reciclaje los correos electrónicos que ya no sirven.

En nuestra casa:
- Hacer una revisión exhaustiva de los objetos decorativos que solamente ocupan un lugar y no tienen ninguna

función práctica, ¿podría este artículo ser útil para alguien más? Si es así, lo podemos donar a alguien que lo necesite.

• Se dice que la ropa que no hemos usado en más de un año quizá no la volvamos a usar. Como bien sugiere la autora Terri Trespicio: "Comprométete a comprar algo nuevo sólo cuando puedas regalar una prenda a cambio".

Sé que la mayoría quisiéramos vivir en una linda casa con jardín o con vista al mar. Es fácil tener el sueño de un hogar perfecto que cumpla con nuestros deseos. Puede ser que mañana lo tengamos o no. Lo verdaderamente importante es ¿qué estamos haciendo con el hogar que tenemos el día de hoy? Sea un departamento, una casa compartida, o sea como sea el lugar en donde vivimos, es nuestro hogar, y si no está en las condiciones adecuadas, difícilmente tendremos la claridad y la sensación de estar bien. ¿Cuáles son esas condiciones? Nada complicado. Podríamos pensar que esas condiciones son el tener una gran televisión, un determinado tapete o una mejor vista. Pero la realidad es que nuestro hogar es el que es, y lo que verdaderamente va a hacer la diferencia es el cuidado que tenemos para que sea un lugar limpio y ordenado. Y por limpieza me refiero también al hecho de que seamos capaces de aplicar el principio yóguico de *shaucha,* que significa purificación. Mantenemos puro el cuerpo bañándonos, tomando agua; mantenemos nuestro entorno de trabajo y nuestro hogar libre de polvo y objetos acumulados o que en realidad no tienen un uso práctico; mantenemos nuestra mente pura, reconociendo nuestras emociones hacia los otros, comunicándolas con respeto en lugar de cultivar odio o rencores.

2. *Santosha*, contentamiento

Una de las observancias personales a las que nos invita el yoga es practicar el ser felices en nuestra vida.

El contentamiento o gozo, mejor conocido como *santosha* en sánscrito, tiene que ver con nuestra capacidad de abrazar con gozo los momentos de felicidad y los momentos difíciles. Estamos sujetos a las circunstancias externas que siempre cambian y, por esa razón, no podemos permitir que nuestra felicidad dependa de ellas. El contentamiento se practica cuando soy feliz con lo que la vida me da. Sea lo que sea. Aquí también viene implícita la concepción de aceptar lo que es y aceptar a los otros como son, y mucho más importante, de aceptarnos a nosotros mismos tal y como somos. Más que una reacción, el contentamiento es una práctica diaria.

El maestro Yogi Bhajan, originario del norte de la India, contó una historia en una conferencia que dictó en la Universidad de California en 1973:

"Una vez llegó una mujer que tenía todo el dinero del mundo, que era muy bella, pero estaba profundamente sola. El yogi le preguntó:

"—¿Qué quieres?

"A lo que contestó:

"—No quiero estar sola, pero no quiero meterme en el lío del matrimonio y todo lo que esto implica, y si me caso quiero que sea con un buen hombre y que sea muy divertido.

"El yogi le contestó que si eso era lo que quería, estaba bien, pero que le iba a costar.

"—¿Dinero? Ése yo se lo doy —contestó la mujer.

"Y el yogi le dijo que no tenía que ver con dinero:

"—Lo que tienes que hacer es que a cualquier hombre que conozcas en este planeta, le sonrías. Si puedes hacer esto, el hombre adecuado vendrá.

"—¿Y cómo sabré quién es el hombre adecuado? —preguntó la mujer.

"—Tú hazlo como un experimento y veamos qué es lo que esto produce en ti —respondió el maestro.

"A la mujer le empezaron a doler las mandíbulas de sonreír y pasaron cuatro meses y no sucedió nada especial. Pero un día que la mujer fue al supermercado al que siempre iba a comprar unas verduras orgánicas, llegó un hombre muy rico, pero muy enfermo, que iba en busca de alimentos frescos para sanarse. Entonces se encontraron y ella le sonrió. Él le preguntó si podía explicarle qué era eso de las verduras orgánicas y por qué eran mejores que las demás. Ella le explicó que era mejor que las comprara frescas para que no se echaran a perder. Y entonces él empezó a ir por sus verduras cada día y así el hombre y la mujer se encontraron todos los días y ella siempre le sonreía. Eventualmente terminaron estando juntos."

El maestro concluyó la conferencia diciendo: "Si sonríes todo el tiempo, tendrás confianza, poder, tolerarás a cualquiera. Si te preocupas por sonreír todo el tiempo, esto te dará un corazón abierto y un poder para comunicarte aun con el hombre más cerrado. Si te preocupas por sonreír todo el tiempo, el universo entero te sonreirá de regreso. Si puedes añadir esto a tu personalidad será lo mejor que tengas en el planeta".

La mente tiende a irse al pasado o al futuro, pero estar en lo que es requiere de práctica, sobre todo si queremos disfrutar la vida. La ansiedad puede apoderarse de nosotros cuando estamos sin hacer nada, en contemplación. Esto viene de la creencia occidental de creer que siempre tenemos que estar haciendo algo, en donde el descanso y el no hacer son vistos casi como ser un holgazán.

Nuestro contentamiento entonces se basa en esos momentos en los que platicamos, vamos al cine o hacemos algo que nos atrae. Olvidándonos del arte de observar cómo la vida sucede en calma. Esos momentos en los que nos rendimos a la fila del banco son ideales para reconectar con tu cuerpo, para respirar, para simplemente estar.

Estar con lo que es, que no siempre son los momentos simpáticos y felices de la vida; estar con lo que es ante los retos, cuando los planes no salen como planeábamos, pero confiamos que cuando una puerta se cierra, se va a abrir otra, que hay un orden en donde todo se reacomoda y el proceso no siempre es sencillo. Es lo que es. Empezamos desde donde estamos.

No forzamos, fluimos, estamos, permitimos que la vida se exprese.

3. *Tapas*, la disciplina
Una vez alguien me invitó con unos monjes que venían de la India y que te daban lo que se conoce como *dikhsa* o una transferencia de energía divina. Ahí tuve un *momentum* de plenitud y gozo indescriptible, que al otro día ya no existía.

Esta creencia de que algo o alguien nos va a hacer la tarea y entraremos en un estado de felicidad eterna es un mito. El trabajo de crecimiento personal es justamente eso, personal. La transformación sucede cuando somos disciplinados. Nada ni nadie nos puede transformar más que nosotros mismos. Nadie puede hacer la tarea por nosotros. Hay que practicar. Cinco minutos, 10 minutos diarios, pero sólo practicando alcanzaremos la maestría. La práctica es importante porque a través de nuestra disciplina podemos trasmutar los patrones para que nuestra mente se purifique.

Tapas, literalmente, significa calor. Se deriva de la raíz *tap*, quemar, y se refiere a cultivar la autodisciplina voluntaria para purificar nuestro sistema, perfeccionar el cuerpo y nuestros sentidos. En el camino de la vida es necesario incluir la disciplina de forma diaria. Quizá sean 15 minutos diarios los que le dediquemos a subirnos al tapete de yoga o a sentarnos a meditar. Pero esa disciplina será la que poco a poco fortalecerá nuestro cuerpo, nuestra mente y nos hará ser consistentes e impecables.

De acuerdo con en el *Bhagavad Gita* y como explica George Feuerstein, existen tres tipos de *tapas* o formas de autodisciplina voluntaria a las que llama austeridades:

a. Las austeridades del cuerpo, que hacen referencia al hecho de reverenciar a los maestros y sabios, purificar el cuerpo y ser impecables. Reverenciar a los maestros y sus enseñanzas que generación tras generación han traído distintas prácticas que cientos de años después podemos realizar. Asimismo es importante mantener la salud de nuestro cuerpo al alimentarlo con la comida correcta, tomando agua, haciendo ayunos o monodietas de desintoxicación. El ser impecables tiene que ver con la congruencia y honestidad de nuestras acciones y pensamientos. Es un camino personal de vida.

b. Las austeridades del habla, que tienen que ver con el hablar sin causar dolor al otro, el ser verdadero y decir lo que es gentil y benéfico. Como más adelante exploraremos, es fundamental no hacer daño al otro. Recordando la ley del *karma*, todo lo que hagamos se regresará a nosotros. Cultivemos semillas de paz, no de odio.

c. Las austeridades de la mente, que se refieren a dejar la mente libre de objetos, al contenerte al practicar el silencio y la serenidad de mente. Esta austeridad se relaciona también con Pratyahara, una de las ramas del yoga que tiene que ver con ser cuidadosos de los estímulos exteriores a los que nos sometemos. Evitar el ruido y la estimulación excesiva para habitar el espacio de la quietud de mente.

Cuentan que el sabio Tapasvij Marka, que nació en 1820, vivió 185 años. Se dice que dejó todos los placeres mundanos y estuvo parado sobre una pierna con el brazo estirado por tres años. Y luego vivió 24 años sin recostarse, caminando muchas millas.

Tapas también hace referencia a realizar prácticas como hacer ayuno, estar sentado o parado de forma prolongada o practicar el silencio. La idea es que a través de la disciplina de meditar todos los días seamos capaces de tener la coherencia y el control de la mente, los sentidos, y así elevar nuestra conciencia. La disciplina nos permitirá ser consistentes, coherentes e impecables.

Formas de practicar tapas

---

1. Realizo cinco salutaciones al sol diariamente.

2. Escojo una meditación de 11 minutos y la practico diariamente por 40 días.

3. Permanezco en silencio 10 minutos diarios.

4. Hago una rutina de tai-chi o chi-kung diariamente.

5. Me siento y escucho por 15 minutos.

6. Cierro los ojos y medito en el latido de mi corazón.

7. Camino con atención, sintiendo cada paso.

4. *Svadhyaya*, el autoestudio

Lo que tenemos en nuestra vida es nuestro ser. Es nuestro vehículo. Al vecino de enfrente le podrá funcionar vivir la vida de una forma y a otros de otra. Lo que para unos funciona, para otros no. Por eso los yoguis antiguos nos invitan a practicar *svadhyaya*, el autoestudio, el autoconocimiento, la observación de nuestro ser. Observo que lo que existe es lo que siento y si decido reaccionar o responder a eso o no. Dejo de volverme víctima o culpar a otros o a lo otro. Aprendo a tomar responsabilidad de mis acciones.

En lugar de pedir que lo otro o los otros cambien, cambio yo.

5. *Ishvara pranidhana*, me rindo ante lo que es

La naturaleza es inescrutable. Diría Robert Svoboda: "Quieres ir al sur, gira el viento y vas al norte". ¿Quieres hacer reír a Dios?, cuéntale tus planes, leí alguna vez en un libro. Y así sucedió:

Acabo de organizar el Primer Encuentro Nacional de Yoga. Nos ofrecen un espacio en Polanco, en la Ciudad de México, para poner una escuela de yoga del Instituto Mexicano de Yoga. Con mucho esfuerzo logramos rentar el local. Pongo todos mis ahorros para pagar la fianza y para invertir mientras la escuela se da a conocer. Hacemos nuestro mejor esfuerzo para difundirla y contratamos a los mejores maestros. Pasan tres meses, seis meses, nueve meses y seguimos en números rojos. Con lágrimas en los ojos llego con mi querido amigo Sadhu y le pregunto: "¿Por qué nos pasó esto?" "No importa, sólo importa que tú pusiste tu mayor esfuerzo, lo demás no está en tus manos", me respondió.

Así es la vida. Ponemos nuestra mejor intención, desconociendo el resultado de nuestras acciones. Permitimos que la vida se exprese. Y aprendemos de lo que hay.

Ishvara pranidhana habla de la importancia de ofrecer nuestras acciones a la divinidad, lo cual se puede traducir en aceptar la vida tal y como es. Aunque hay veces que no comprendemos por qué las cosas pasan como pasan, por qué un familiar muere o perdemos un bien, este principio nos invita a reconocer que hay un orden superior y que todo tiene su razón de ser.

Cuando esperamos que la vida sea de determinada forma, somos propensos a sufrir, porque entonces cuando llegue lo que consideramos no deseado, seremos infelices. Sin embargo, cuando no esperamos nada, cuando nos rendimos a lo que es, más fácilmente permaneceremos en presencia con lo que es, sea lo que sea.

Lo que aprendemos de esta enseñanza yóguica es a tener una intención clara sobre lo que hacemos y ofrecerla de esta forma, quizá bajo el entendimiento básico de la ley del *karma*: si hacemos sufrir al otro, eventualmente sufriremos, si el otro hace sufrir a otros, eventualmente sufrirá. De esta forma nos podemos liberar y si en ocasiones sentimos que alguien o algo nos agrede, y somos capaces de reconocer la ley del *karma*, podemos aprender a no tomarnos de forma personal lo que el resto de los demás haga o deje de hacer.

Si aplicamos el *niyama* de *ishvara pranidhana* y ofrecemos nuestras acciones a algo superior, en lo que cada quien crea, y aceptamos la vida como es, porque no sabemos cuál será el fruto de nuestras acciones, pero reconocemos que sí podemos poner nuestra mejor intención en lo que hacemos, lo siguiente que queda es poner en práctica la magia de estar presentes en cada momento de nuestra vida con atención plena y gozo.

REFLEXIONES

♦ Haz una lista sobre diez cosas que tienes que agradecer en tu vida, y como nos indica Byrne, "cuando hayas terminado de hacer tu lista, reléelas una por una, ya sea mentalmente o en voz alta, y a final repite la palabra gracias, gracias, gracias con la máxima intensidad posible.

♦ Anota una acción que podrías poner en práctica aplicando los *yamas* y *niyamas* en tu vida.

   Yamas, observancias sociales:

   1. *Ahimsa*, la no violencia.

   2. *Satya*, el ser verdadero.

   3. *Asteya*, no robar.

   4. *Bramacharya*, cuidar nuestra energía.

   5. *Aparigraha*, no acumular innecesariamente.

Niyamas, observancias personales:
1. *Saucha*, limpieza.
2. *Santosha*, contentamiento.
3. *Tapas*, austeridad.
4. *Svadhyaya*, autoestudio.
5. *Ishvara pranidhana*, rendirse ante lo que es.

CAPÍTULO V

Del caos a la calma

LA MAGIA DE ESTAR PRESENTES CUANDO ESTAMOS EN DESEQUILIBRIO

Cultivar nuestra presencia con las técnicas de atención plena es un primer paso, pero ¿qué pasa cuando tenemos un desequilibrio específico? Al conocer las cualidades que se desequilibran y al conocernos a nosotros mismos desarrollamos la habilidad para tomar la decisión sabia para mantener el equilibrio de nuestro sistema, y el Ayurveda nos ofrece varios recursos de apoyo. Existen tres tipos de energías o patrones dinámicos que son los encargados de la funcionalidad de la vida:

Vata (éter / espacio + aire)
La energía del movimiento. Relacionada con el sistema nervioso. Y *prana*, el pulso de la vida y la fuerza móvil.

Pitta (fuego + agua)
La energía de la transformación. Relacionada con el metabolismo.

Kapha (agua + tierra)
La energía de la estabilidad y lubricación. Relacionada con el sistema estructural. Es lo que mantiene la unión de las cosas.

Cuando éstas se encuentran en equilibrio somos creativos, tenemos calma, discernimiento, organización, capacidad de autorregularnos, gozo y vitalidad. Pero el entorno, nuestra propia naturaleza, nuestros hábitos, lo que comemos, el estilo de vida que elegimos, pueden desequilibrarnos en distintos momentos y en lugar de calma encontramos caos, ansiedad, desarraigo; en lugar de autorregulación surge la compulsión; en lugar de vitalidad y propósito, el estancamiento.

Me parece muy útil que usemos estos recursos a los que nos invita el Ayurveda como un complemento dentro de nuestro proceso de cultivar la atención plena. Al conocernos, nosotros haremos la magia para tomar las decisiones que nos favorecen, aprenderemos en dónde tenemos que poner nuestra atención, qué cambios podemos hacer en nuestra vida para sentirnos bien y reencontrar el balance que hemos perdido.

SIMILAR AUMENTA SIMILAR

Afortunadamente, nuestros ancestros en la India descubrieron que es posible recuperar el balance cuando los elementos se han agravado. Descubrieron que "similar aumenta similar, todo se cura por fuerzas contrarias". Si tengo frío y me tomo una limonada con hielos, me dará más frío. Por lo tanto, necesito una fuerza contraria para contrarrestar el frío, como un té, un baño de vapor, un abrazo.

Este principio me quedó claro cuando daba clases de yoga para niños. Mi hijo estaba en un colegio Montessori y decidí aventurarme a dar clases a niños de tres a seis años. La primera sesión me presenté con mucha energía y ánimo. La directora de la escuela me observaba a la distancia. Conforme los niños empezaron a conversar entre ellos y a jugar, yo empecé a elevar el nivel de mi voz para que me pusieran atención. Salí un poco desanimada, pensando *epic fail*. La directora de la escuela me llamó después de la clase y me dijo: "Ana Paula, te voy a dar un consejo muy útil. Si quieres que los niños te pongan atención cuando están gritando y jugando, háblales más bajito". La siguiente clase llegué y hablé casi en susurro, y todos me pusieron atención. Ésa fue una de las tantas veces que pude corroborar la efectividad del principio similar aumenta similar, todo se cura por fuerzas contrarias. En el Ayurveda, cuando nos desequilibramos es por exceso de movimiento, calor o congestión/letargo. Por eso a continuación veremos cómo estar presentes y pasar:

- Del caos a la calma.
- De la intensidad a la moderación.
- Del estancamiento a la vitalidad.

DEL CAOS A LA CALMA

En estos tiempos hay más disposición para que la mente sea ansiosa, móvil, miedosa, preocupada, fatalista. Sentir que tenemos pocas horas para entregar un proyecto, ir de una idea a otra y no poder concretar lo que queremos, no saber lo que se quiere; perder toda la mañana tratando de hacer algo, pero al final no hacer nada; pensar que el avión se va a caer, que tenemos una enfermedad mortal porque nos duele la cabeza; que va a existir un recorte en la empresa y nos van a despedir; sentir que no somos suficientes. Dudar si enviar un mensaje o no por la mensajería instantánea cuando nos da temor la respuesta que esperamos o incluso si habrá respuesta al mensaje, dudar si uno ha sido un buen o mal padre. Podemos dudar si somos adecuados o no, olvidando así que lo único que tenemos es nuestra experiencia, y los otros tienen la suya. No poder dormir, dejar de trabajar, dejar de hacer, tener frío, resequedad en los ojos, lengua, piel o boca seca, rigidez en las articulaciones o rigidez mental. Ser irregulares en nuestras rutinas. Un día se quiere una cosa, otro día ya no.

Estos síntomas se agravan durante la temporada de otoño y la primera parte del invierno, cuando predomina la energía del elemento aire y del espacio, y entonces la mente se vuelve loca, aunque también sucede en la última etapa de la vida, en la que predominan estos elementos.

De acuerdo con la medicina Ayurveda, los desequilibrios mentales y los síntomas citados anteriormente se relacionan con un agravamiento de los elementos éter y aire. Se le llama *vata* a la energía dinámica compuesta por ellos. A nivel funcional, *vata* opera como el principio del movimiento. Se encarga de las funciones del sistema nervioso, del equilibrio sensorial y mental, es decir, de todo el movimiento físico, emocional, espiritual y mental.

El aire y el éter (*vata*) se encuentran saludables cuando:

- el movimiento está contenido y fluye sin obstáculos;
- existe creatividad, libertad, entusiasmo, vitalidad, inspiración y espiritualidad;

- la mente está en calma.

El aire y el éter (*vata*) se encuentran en desequilibrio cuando existen:

- síntomas de preocupación, ansiedad, nerviosismo, insomnio, agotamiento;
- no hay satisfacción con nada, inconsistencia, adicción al trabajo y a moverse, superficialidad, disrupción, no se puede dejar de hablar;
- comportamiento errático, compulsión, desórdenes mentales.

Cuando nuestros estilos de vida son muy acelerados, viajamos y hacemos mucho, no descansamos, no nos detenemos, entonces entramos en caos y necesitamos arraigo, contención y calma. Necesitamos la estabilidad y la contención que nos dan los elementos tierra y agua.

El exceso de movilidad se cura con la cualidad contraria, que sería lo estático, dejar de movernos. El elemento aire, que es frío, se cura con la cualidad contraria, que es calor. La mente en movimiento y etérea requiere arraigo, contención, tierra. ¿Qué hacer cuando estamos dispersos, caóticos, agravados en *vata*?, ¿cómo ir del caos a la calma?

Rutina general para pasar del caos a la calma

La mente y el cuerpo en movimiento, la falta de paz, la falta de arraigo se curan de esta forma:

- El frío del desarraigo, del miedo, de la ansiedad, del exceso de movilidad física, mental y emocional, se contrarrestan con calor; la falta de contención y dispersión, con tierra.
- La naturaleza se encarga de hacer su parte, por eso en casos agudos hay que hacer un viaje a la playa o a la laguna para que el cuerpo encuentre arraigo y contención. Si es posible, salir a la naturaleza, sin ningún aparato electrónico, y caminar con los pies descalzos. Una de las ventajas de salir a la naturaleza es que la altitud es más baja y esto apoya en el proceso de encontrar contención.
- La calidez es clave para el arraigo, por eso hay que tomar un baño de sol que da confort y calienta los huesos.
- Darse un masaje con aceite tibio de ajonjolí en todo el cuerpo, sin olvidar los pies, las orejas y la coronilla.
- Vestir con colores cálidos como el rojo, el amarillo o el naranja.
- Evitar lugares de clima frío, en donde sople el viento, con polvo o con una altitud muy elevada.
- Dejar de pensar. Dejar de hacer. Aunque la creatividad florezca en la mente, es mejor concentrarse en una cosa a la vez.
- Establecer una rutina y seguirla de modo consistente, con calma, mente tranquila, confianza.
- Aprender a escuchar. Dejar de hablar. Dejar de moverse. Dejar de pensar mientras el otro habla.
- Respirar profundamente.
- Dormir. Descansar aunque no se quiera.
- Tomar un baño de agua caliente y dormir, dormir mucho.
- Dejar de moverse de un lugar a otro.
- Pararse sobre los propios pies.

- Usar flores de Bach para equilibrar las emociones de ansiedad.
- No compararse.
- Cubrirse con una manta a la hora de meditar.
- Rodearse de gente cálida con la que se pueda tener contacto físico y en donde te puedas sentir contenido.
- Crear un espacio de calidez en donde te sientas a gusto.
- No brincar, correr, escalar.
- Preferir la natación, la caminata con la modalidad de tener conciencia de cada paso que se da; el tai-chi, el chi-kung y el yoga suave.
- Centrar la mente y el cuerpo. Bajarle al ritmo.
- Tomar baños de agua caliente con sal, meterse a las aguas de azufre o aguas termales, enterrarse en la tierra, abrazar a otro, abrazar un árbol, ponerse una mascarilla de lodo y todo lo que sea estar en contacto con la tierra, ayudará a pasar del caos a la calma, de la volatilidad a la contención.

Dieta sugerida para recuperar la calma, la contención
y el arraigo

- Ingerir alimentos dulces como la avena, el arroz, el piloncillo; agrios como los búlgaros o el yogurt natural, y salados como las algas marinas y minerales.
- Preferir la comida pesada y tibia como las sopas con tubérculos que arraiguen: papa, camote, zanahoria, berenjena, hongos, betabel.
- Tomar té de jengibre, canela, té yogui sin té negro.
- La comida japonesa, en especial la sopa miso, es ideal para arraigar el cuerpo.

- Evitar el hielo, las verduras crudas, los frutos secos, germinados y las bebidas muy frías.
- Fundamental tomar un vaso de agua tibia en ayunas y a sorbitos, para aliviar el estreñimiento y mejorar la digestión.

LA MAGIA DEL DESCANSO

El descanso es vital para mantener la salud del cuerpo y para tener una vida longeva. Es en el estado de reposo total cuando nuestro cuerpo y cada una de nuestras células se regeneran.

De acuerdo con el Centro de Control de Enfermedades en Estados Unidos, "no dormir suficiente está asociado con un importante número de enfermedades crónicas como diabetes, enfermedades del corazón, depresión y obesidad".[1] Para algunos, estar agotados "es símbolo de estatus del trabajo duro y dormir es un lujo […] pero la realidad es que no podemos manejarlo, somos una nación de adultos agotados y estresados".[2] Sin embargo, hacer muchas actividades sin parar nos puede dejar totalmente exhaustos.

No hagas nada. Los domingos, o al menos un día al mes, no hagas nada, quédate en tu casa leyendo, sin exponerte a ningún aparato electrónico, sólo descansa.

Tips para dormir profundamente

---

1. Evita ver series de violencia antes de dormir.

---

[1] Brené Brown, *op. cit.*, p. 101.
[2] *Ibid.*, p. 102

2. El celular se queda afuera de la habitación y en modo avión.

3. La cena es ligera.

4. Usa aromaterapia con aceite de lavanda para relajar el cuerpo.

5. El suplemento de calcio y magnesio es útil para dormir mejor.

6. Toma un baño con agua tibia o caliente.

7. El té de manzanilla, valeriana o pasiflora apoyan el sueño profundo.

8. No bebas café por la tarde.

9. Haz 30 minutos de ejercicio diario, cinco veces a la semana.

10. En promedio una persona sana requiere de seis a 10 horas de sueño.

Paschimottanasana, postura para dormir profundamente

Siéntate con las piernas estiradas y la espalda recta. Las piernas juntas, rodillas estiradas y apoyadas en el piso. Pon un cojín o un par de almohadas sobre tus muslos. Al inhalar y al exhalar lleva el torso hacia adelante para que se acerque a tus muslos y lo descansas sobre las almohadas. Usas las almohadas que sean necesarias para que la postura sea cómoda y te sientas relajado. Respira con suavidad inhalando, reteniendo el aire cinco segundos, y exhala sacando el aire muy lentamente. Después de 10 respiraciones sal lentamente de la postura y vete a dormir.

CALMA LA MENTE ANSIOSA

Te cuento una historia:

Son las 12 del día de un miércoles cualquiera en la Ciudad de México. Mi hermana se dirige por primera vez en su vida a una zona industrial en las afueras de la ciudad. Le han encargado que haga el diagnóstico en una empresa para ofrecerles un programa de salud. Lleva más de dos horas en el tráfico entre camiones, vehículos y motocicletas. El calor está tremendo, clásico del mes de mayo. De pronto, la ansiedad empieza a manifestarse mientras ve que no avanza más de un metro y se da cuenta de que pronto tendrá que regresar a buscar a su hijo de 15 años a la escuela. Siente que le falta el aire y las manos empiezan a sudarle. Por más que hace intentos para respirar, apenas puede hacerlo. La respiración es muy corta y además empieza a sentir taquicardia. Siente que se le entumecen las manos. Da la vuelta en el primer retorno de regreso a su casa, pero ya sintiéndose entre mareada y con una terrible angustia. Llama a su hijo al celular para avisarle que va tarde, y ya una vez con él, mi hermana acaba en el hospital. Después de que le realizan varios estudios, resulta que está perfectamente bien, sólo había sufrido un ataque de pánico y ansiedad.

Cuántas veces nos hemos encontrado en esas situaciones, en las que de plano es tal la ansiedad que no sabemos qué hacer o cómo controlarla.

Es importante diferenciar la ansiedad del miedo. Cuando sentimos miedo es porque se nos presenta una amenaza o un peligro real. Quizá sintamos miedo si se suscita un terremoto o si tenemos a una serpiente venenosa enfrente. En cambio, la ansiedad es una reacción que sucede en el cuerpo cuando la amenaza o el peligro vienen de dentro y no logramos identificarlos con claridad. Quizá suponemos que porque nuestro jefe fue indiferente con nosotros próximamente nos va a despedir y pasamos semanas imaginando que pronto llegará ese terrible momento y cada vez que nos cita a una junta sentimos agitación y taquicardia. O la ansiedad puede provenir de la agitación que sentimos quizá por subirnos a un elevador o a un avión. La ansiedad es irracional comparada con el sentimiento de miedo, y puede manifestarse como preocupación mental, con los pensamientos, las historias e imágenes que nos creamos.

La ansiedad es un desorden del sistema nervioso que desde el Ayurveda se observa como exceso de aire y espacio en el organismo, elementos que tienen la cualidad de ser fríos. Recordemos la ley de oro: "Similar aumenta similar, todo se cura por fuerzas contrarias". Entonces, si lo que nos está ocasionando la ansiedad es que tenemos muchas actividades, reducir el número o sustituir alguna de ellas por algo que nos tranquilice como la meditación, el yoga o el tai-chi, ayudará.

En caso de ansiedad, lo mejor es una terapia de contención. Si tenemos a alguien que nos pueda tomar de la mano o abrazar, mucho mejor. Como la ansiedad es un problema de frío, para contrarrestarla es necesaria la terapia de calor. Un abrazo, beber un té de manzanilla o pasiflora, tomar un baño con agua caliente o un caldo o una sopa ayudarán a contrarrestar la ansiedad.

Cuando se ha padecido de un síntoma en la vida, es muy posible que éste pueda regresar. En el Ayurveda a este fenómeno se le conoce como kha vai gunya,[3] y hace referencia al hecho de que cuando hemos tenido un síntoma deja una huella y tenemos que tomar ciertas precauciones, ya que somos más propensos a volver a tenerlo. En este caso, si ya hemos sufrido de un ataque de ansiedad o tendemos a padecerla, se sugiere que tratemos de cuidarnos lo más que podamos todo el tiempo.

Respiración anti-ansiedad

En los momentos en los que te sientas muy acelerado o preocupado y necesites calma, puedes realizar una respiración. Siéntate con la espalda recta, relaja los hombros y pon tu mano derecha como una antena y de forma vertical. Con el dedo pulgar tapa la fosa nasal derecha. Inhala contando cinco tiempos a través de la fosa nasal izquierda, retén el aire tres tiempos y exhala muy lentamente en cinco tiempos. Repite esta secuencia 10 veces y observa cómo te encuentras más relajado y calmado.

CULTIVAR LA CONFIANZA

Da miedo confiar en nuestras decisiones y equivocarnos, pero en el proceso de la equivocación existe la posibilidad de crecer, de aprender. Cuando nuestra mente está dispersa fácilmente

---

[3] Un espacio débil en el cuerpo que existe por un trauma del pasado, una enfermedad cronicodegenerativa o una influencia hereditaria que se vuelve susceptible de desequilibrarse. Vasant Lad, *op. cit.*, p. 304.

podemos caer en la tentación de preguntarle a todo el mundo sobre qué hacer, qué decir o qué no. Es necesario cultivar la confianza y confiar en la sabiduría latente en cada uno de nosotros.

Hay que permitir que la vida nos enseñe lo que tiene que ofrecernos, en lugar de anticiparnos o generar expectativas. Aunque la mente quiere anticiparse, saber qué va a pasar, imaginar el futuro, la realidad es que no lo sabemos, ni lo sabremos jamás. Miguel Ruiz lo dijo en su libro *Los cuatro acuerdos*: "No hagas suposiciones".[4] No puedo suponer qué piensa el otro, qué va a pasar mañana, si el hombre o la mujer que quiero estarán conmigo o no, o suponer cómo reaccionará el otro. Cada vez que genero una expectativa, soy susceptible a sufrir. Cuando permito que la vida me sorprenda y se exprese a cada momento, vivo más tranquilo, más en paz.

Postura del niño (balasana) para la contención

Colócate de rodillas en el suelo, siéntate sobre los talones y pon la frente en el piso. Relaja los brazos a los lados del cuerpo. Respira y siente la oscuridad como si estuvieras adentro del vientre de tu madre. Permanece en la postura el tiempo que desees. Relaja los glúteos sobre los talones.

Esta postura relaja todo tu cuerpo y te ayuda a sentir paz.

---

[4] Éste es el tercer acuerdo. Miguel Ruiz, *Los cuatro acuerdos*, p. 83.

DE LA RIGIDEZ A LA FLEXIBILIDAD

Cuando hay deficiencia o bloqueo de los elementos aire y éter puede expresarse como:

- Resequedad en la piel, boca, ojos, cabello.
- Tránsito lento o digestión irregular.

- Frigidez o impotencia.
- Rigidez mental y falta de creatividad.
- Ideas fijas y falta de libertad.
- Aislamiento y soledad.
- Artritis, reumatismo, dolor.

Entonces debemos:

- Probar nuevos platillos o nuevas rutas para ir a los lugares que acostumbramos.
- Ser flexibles.
- Cultivar nuestros sueños. Nuestras ideas pueden cancelar nuestros sueños y hacernos vivir en mundos limitados, cuando afuera y en el campo de la inteligencia infinita todas las posibilidades existen y pueden o no manifestarse.
- Cuestionarnos si no estamos encasillados en seguir las mismas avenidas mentales que nosotros creemos que son el camino correcto y abrirnos a la experiencia de hacer lo que hacemos de forma diferente, sólo para ver qué pasa. Siempre podemos reinventarnos.
- Hidratarnos para evitar la rigidez y el dolor. En este caso, hay que procurar tener una dieta en la que predominen

los alimentos cocidos, las grasas naturales, la hidratación adecuada externa e interna.
- Buscar el contacto físico o darnos un masaje.
- Probar una clase de salsa o zumba, aventurarnos a jugar.

"Si queremos vivir una vida integral, tenemos que volvernos intencionados en cultivar el sueño y el juego, y en dejar a un lado el agotamiento como un símbolo de estatus y la productividad como autoestima".[5]

La respiración profunda para el arraigo y la flexibilidad

Con este método el diafragma es capaz de ejecutar debidamente sus funciones y prestar máximo servicio. Sentado con la espalda recta, se inhala firmemente, llenando primero la parte inferior de los pulmones, después la región media, levantando el pecho y las costillas superiores, y al final la parte alta. Se retiene la respiración algunos segundos y se exhala muy despacio manteniendo el pecho en posición firme; el abdomen se hunde ligeramente hacia la columna vertebral a medida que el aire sale. Una vez que se exhaló por completo, se relajan el pecho y el abdomen.

UNA COSA A LA VEZ

Una vez le pregunté a alguien cómo le hacía para ser tan organizada. "Hago una cosa a la vez" —me respondió—. No paso a lo siguiente hasta que no haya acabado con una cosa." Aplicar ese principio en la vida hace la diferencia.

---

[5] Brené Brown, *op. cit.*, p. 102.

¿Cuánto tiempo de nuestro día estamos presentes al cien por ciento en la actividad que estamos realizando? Contestar una llamada en el celular al mismo tiempo que estamos comiendo; hacer una lista de pendientes mientras estamos en una junta; pensar en el programa de televisión del domingo mientras desayunamos con la familia o agobiarnos por el futuro durante las vacaciones, son algunos breves ejemplos de lo que muchos experimentamos en la vida cotidiana. Estamos pero no estamos. Desarrollemos la habilidad de hacer una cosa a la vez. Nos va a cambiar la vida.

APRENDER A DECIR QUE NO

A veces queremos quedar bien con todo mundo y nos comprometemos a hacer actividades que no queremos con tal de no decir NO. Es momento en la vida de decir NO a otros para decirte sí a ti mismo. Decir que "no" puede ser una de las palabras clave para aprender a tener una vida equilibrada. "Muchas gracias, pero no puedo" puede ser la diferencia entre realmente apreciar nuestra vida, nuestro ser, la dignidad como ser humano, valorar nuestra necesidad de descanso.

A veces hacemos cosas que ni siquiera nos han pedido y no es necesario hacer tanto; aprendamos a descansar.

❖

Aprendo a decir a otros NO para decirme a mí misma sí.

❖

LA MAGIA DE ESTAR PRESENTES CON LO QUE SE ESCUCHA

Aprender a escucharnos es fundamental para que nuestra comunicación fluya. Muchas veces decimos algo y el otro no nos entiende, y mucho tiene que ver el hecho de que no estamos escuchando lo que vamos a decir.

Yogi Bhajan dice que la comunicación efectiva se llama *naad*, que es la comunicación armoniosa que se conecta cuando dices algo y entiendes lo que dices, y el otro también lo comprende.

Para aprender a escucharnos a nosotros mismos sugiere que practiquemos la meditación *naad yoga* que te comparto a continuación. En mi experiencia es una meditación que me ha ayudado a encontrar quietud y a reducir mis niveles de ansiedad.

Naad Yoga, meditación para aprender a escuchar

Para hacer esta meditación, siéntate cómodamente con la espalda erguida. Dobla los codos y déjalos a los lados del cuerpo. Eleva tus manos y colócalas a los lados de los hombros. Las palmas de las manos ven hacia el frente y tienen el siguiente mudra: haz con las manos un puño. Los pulgares estarán encima de los dedos. Ahora extiende el dedo índice y el dedo medio como en forma de "V". Los ojos estarán cerrados y viendo internamente la punta de la nariz. Continúa así por 31 minutos.

Yogi Bhajan comentó que al hacer esta meditación tratemos de escuchar nuestra mente. "Te gusta escuchar a todo el mundo, ahora es momento de escucharte a ti mismo." Cada pensamiento es tu subconsciente. Si no tienes la capacidad de escucharte a ti mismo, no puedes escuchar a otros, y si no puedes escuchar a otros, no habrá entendimiento mutuo: de ahí viene el error en la vida.

Si no voy a decir algo que eleve al otro, mejor no digo nada.

Aromaterapia

Recordamos la memoria de la tierra que se expresa en la naturaleza: al oler o aplicar en la piel aromas que provienen de los árboles como el sándalo, la mirra, el ámbar, el incienso nos conectarán con la esencia de la tierra y nos apoyarán en el proceso de sanarnos cuando nuestra mente esté muy caótica o dispersa, cuando estemos muy preocupados, ansiosos, nerviosos y nos cueste trabajo dejar de movernos. Porque "similar aumenta lo similar" y necesitamos una fuerza contraria para contrarrestarlo.

Aromas adecuados para la contención, el arraigo y la calma:

Vetiver

Patchouli

Sándalo

Cedro

Ámbar

Mirra

Jengibre

Canela

ESTAR PRESENTES CON LO QUE DECIMOS

Sentada en un salón de belleza, escucho a dos mujeres hablando sobre la inseguridad en el país. Una empieza a contar una historia de un secuestro, la otra sigue con otra historia de un asalto. Pasan 15 minutos y siguen hablando sobre diferentes historias de terror, hasta que les digo: "Miren, el sol está brillando, ¿podríamos traer a este momento alguna historia agradable?" Entiendo que todos tenemos que cuidarnos cuando vivimos en un entorno como el que hoy se vive en México, pero contar historias de terror ¿nos aporta algo?, ¿en qué frecuencia queremos vibrar? Seamos cautelosos con las historias que traemos a nuestra vida. Similar aumenta similar. Es tanto como seguir trayendo a colación las historias de nuestras desilusiones, de nuestro pasado. Una y otra vez repitiendo lo mismo, lo que alguien nos hizo o nos dejó de hacer. ¿Para qué?, si ya no existe. Lo que existe es lo que se crea hoy con nuestra presencia, con nuestra intención. ¿Cuál es la naturaleza de nuestros pensamientos?

Cuenta la historia que en una ocasión un maestro espiritual se encontraba recibiendo a diferentes invitados y alumnos que querían conversar con él, hacerle preguntas. En un momento se presenta un alumno que venía de otro lugar y comienza a decirle todo lo negativo que la gente decía de él en otros lugares. El alumno traía regalos que el maestro espiritual no aceptó. Unas horas más tarde sus alumnos cercanos le preguntaron que por qué no había aceptado los regalos, a lo cual el maestro contestó que esa persona había venido a traerle chismes, cosas negativas y basura a su casa. Eso no era aceptable.

Los chismes y la basura no se reciben en nuestra casa. No llevamos basura ni chismes a los otros. Si no elevo al otro, mejor no hablo.

Con una sola vez que le digamos a alguien que es débil o que está enojado o que no puede, es suficiente para sembrar una huella que se quedará en algún lugar del subconsciente de esa persona, sea adulto o niño. Cuántos de nosotros no hemos venido cargando historias que existen en nuestra mente por la introyección de ideas que otros nos dijeron. Historias que vienen quizá de generaciones anteriores, porque fueron las mismas palabras que le habían dicho a esa persona. Por ejemplo, la historia del comediante Steve Harvey me fascina:

Cuenta que cuando iba a la escuela primaria, una mañana la maestra les dijo que escribieran qué es lo que querían ser cuando fueran grandes. Esa tarde el niño llegó a su casa y en la televisión miró un programa en donde había unos comediantes que lo tenían muy divertido. El niño regresó al otro día y contó que de grande quería ser comediante y hacer reír a la gente en la televisión. La maestra le dijo que esa meta no la podría alcanzar, ya que era un niño de color, así que mejor reescribiera su tarea.

Esa tarde Steve llegó con su papá a contarle la historia. El papá le pidió que sacara una hoja de papel, escribiera que de grande iba a ser comediante y que la pusiera en algún lugar visible de su habitación. El niño miró esa nota durante años y finalmente Steve Harvey logró su cometido y es un gran comediante que ha hecho reír e inspirado a muchos a lo largo de los años.

Por eso debemos tener muchísimo cuidado en lo que nos decimos a nosotros mismos y lo que les decimos a los otros. Lo que le pasó a tu tío, no es lo que te tiene que pasar a ti, ni lo que le pasó a tu mamá o a tu primo. Nuestra experiencia es única. Para "blindarnos" ante la negatividad de otras personas el siguiente ejercicio me ha funcionado mucho.

Ejercicio para blindarte ante la negatividad del otro:

1. Siéntate y con la palma de la mano vas a hacer un barrido desde el área de los genitales hasta la coronilla. La primera vez repetimos: Lo mío es mío. En el segundo barrido repetimos: Lo tuyo es tuyo. En el tercer barrido repetimos: Y lo demás que se diluya en la luz divina.
2. Siguiendo la tradición del *kundalini yoga*, cuando alguien dice algo que quieres cancelar pones el pensamiento a unos 10 centímetros de distancia a la altura del entrecejo y repites el mantra "wha he guru" hasta que la idea se diluya.

Si no voy a decir algo que eleve al otro o a mí mismo, mejor no diga nada

Dice el maestro del norte de la India Yogi Bhajan que "poner abajo a las personas, hacerlas miserables, traer sus puntos de negatividad, te hará miserable. Lo contrario te magnificará.

Vivirás iluminado y gozoso. Tu acción debe de ser digna, tus intenciones deben de tener integridad y nunca debes permitir que alguien te ataque ni tú atacar al otro".

Una estudiante iba caminando con una maestra de yoga. En el trayecto la estudiante se equivocó de camino y dijo: "Ya me equivoqué, qué estúpida soy". La maestra de yoga, muy seria, de inmediato contestó al comentario que sin pensar había emitido la estudiante: "Nunca, bajo ninguna circunstancia, hables mal de ti misma". Si no es válido hablar mal de los otros, mucho menos hablar mal de ti mismo. Como dice el maestor Yogi Bhajan: "La realidad y la verdad no tienen que ver con lo externo. Toda la relación es contigo, todo el poder está en ti, todo lo que tienes es a ti y detrás de ti no hay nada".

Una recomendación más: cuida tu energía. Si no tienes nada que decir, no digas nada. Hay una gran sabiduría cuando nos sentamos en silencio.

SER UNO MISMO

"No trates de ser extra feo o extra guapo. Simplemente te pido que seas tú mismo. Eres perfecto tal y como eres. Acéptalo con humildad."

YOGI BHAJAN

En su libro *The Gifts of Imperfection*, Brené Brown dice que: "La autenticidad es un conjunto de decisiones que tenemos que tomar cada día. Es la decisión de ser reales y mostrarnos tal cual somos. La decisión de dejar ver a nuestro verdadero yo". A la mayoría nos entusiasma ser auténticos; sin embargo, sabemos que es una tarea que nos puede abrumar, sobre todo en una cultura que lo dicta todo, desde cuánto se supone que debemos pesar, hasta qué aspecto debe tener nuestra casa o nuestra pareja.

Brown indica que la autenticidad es la práctica diaria de librarnos de lo que creemos que deberíamos ser y, en cambio, abrazar lo que realmente somos. Elegir la autenticidad es cultivar el coraje de ser imperfectos, establecer límites, darnos permiso de ser vulnerables; significa también nutrir la conexión y la sensación de pertenencia, que sólo puede darse cuando creemos que somos suficientes tal cual somos.

Mantén tu atención en este instante.
Un paso a la vez.
Un día a la vez.
Agradece lo que hay.
Relaja las comisuras de los labios hacia
las orejas.
Abraza a alguien o abrázate a ti mismo.

❖

En ocasiones no somos auténticos porque nos da miedo lo que los otros puedan decir, si nos aceptan o no, o porque queremos probar que somos educados o informados o nos da miedo decir algo controversial, sobre todo en estos tiempos en los que la crítica y el ataque digital van cada vez más en aumento. Por darte un ejemplo: en una investigación sobre los atributos asociados con el "ser femenina" se reveló que algunas de las cualidades más importantes para las mujeres tienen que ver con el verse delgada, ser agradable y modesta. Eso significa que si las mujeres deseamos apostar sobre lo seguro, deberíamos estar dispuestas a mostrarnos todo lo pequeñitas, calladitas y lo más atractivas que nos sea posible.

No merece la pena sacrificar lo que somos a favor de lo que los otros puedan pensar. Brown cuenta su historia: "Cuando dejé de intentar ser todo para todos, tuve mucho más tiempo, atención, amor y conexión que ofrecerles a las personas realmente importantes de mi vida; cuando la aprobación o la aceptación se convirtieron en mi meta no funcionaba, y sentía que no era suficiente. Cuando la meta es ser auténtica y a las otras personas no les gusta, me siento bien, por eso siempre hago de la autenticidad mi prioridad".[6]

---

[6] Brené Brown, *op. cit.*, p. 54.

> "A menudo las personas intentan vivir sus vidas al revés; intentan tener más cosas, o más dinero, para hacer más de lo que quieren y así ser más felices. La forma en que funciona realmente es a la inversa. Primero debes ser quien realmente eres, luego hacer lo que realmente necesitas hacer para tener lo que quieres."
>
> MARGARET YOUNG

LA MAGIA DE ESTAR PRESENTES Y ORGANIZARNOS

Después de aprender a calmarnos y arraigarnos al cuerpo, es importante saber cómo organizarnos para que podamos resolver nuestras necesidades económicas, y en la medida de lo posible tengamos tiempo para todo lo otro que es importante en nuestra vida. Al final hay que pagar las cuentas, ¿cierto?

Los secretos para organizarte

Un buen día, en una conversación que tuve con mi querida amiga y yoguini Andrea Borbolla, me platicó sobre unos cursos de productividad impartidos por Federico Paz Miguens que le habían ayudado a cambiar por completo su forma de trabajar y decidí tomarlos. Ese y otros cursos más fueron tan potentes, que hoy siento la responsabilidad de compartir contigo los principios básicos que han hecho que mi forma de trabajar como emprendedora sea totalmente distinta y que me han permitido tener más tiempo libre.

Nos distraemos porque no tenemos una agenda organizada, por las notificaciones y las redes sociales; por el efecto FOMO[7] o pensar que nos perderemos de algo si no vemos lo que está sucediendo en el mundo virtual, porque no tenemos idea de nuestros objetivos, y esto para alguien que padece de miedo, ansiedad, preocupación, puede ser la causa que también le produzca un desequilibrio mayor.

Usamos la meditación y nuestra atención plena para seleccionar los alimentos que nos den arraigo; somos cuidadosos al elegir nuestro estilo de vida, pero también tenemos que usar la magia de estar presentes para organizarnos y regularizarnos en nuestras rutinas, para resolver la vida. El objetivo es generar más espacios de tiempo en donde no estemos ocupados y que seamos eficientes para así también tener espacio mental.

---

[7] Del inglés *fear of missing out*, es la patología producida por el miedo a quedarse fuera de lo que sucede en el mundo tecnológico.

Ley de Pareto

No podemos hacer todo, porque nos falta tiempo. Por querer abarcar todo, porque no vayamos a perder una oportunidad, nos olvidamos de lo importante. La ley de Pareto te puede cambiar la vida.

Se puede aplicar de varias formas:

1. Haz una lista de todo lo que haces y gasta tu tiempo en lo que eres más hábil o lo que disfrutas más, y menos en el resto.
2. Haz una lista de todo lo que te está generando recursos económicos. De toda tu lista, toma 20% de lo que te genera más y concéntrate en mejorar ese punto.

LEY DE PARETO
Haz más de lo que más disfrutas.
El 80% de nuestros resultados proviene del 20% de nuestros esfuerzos.
El 80% de nuestros esfuerzos proviene del 20% de nuestro tiempo.

La primera lista de las cosas importantes

Algo que nos hace perder el tiempo es tener una larga lista de pendientes que una vez que la haces, no la vuelves a ver. Y si la ves, es posible que tengas mezclados todo tipo de pendientes. Algunos relacionados con las cuestiones del hogar, otros del trabajo, otros de la familia. Idealmente, haz una lista de todos los pendientes y ponles una prioridad. Para esto puedes usar Pareto: de toda la lista elije cuáles pendientes de la semana son los que te van a permitir dar un salto importante en algún área de la vida. Los viernes o los domingos haz una lista de las tareas pendientes y define en un calendario cuáles son las que vas a realizar en la mañana. Escoge las más importantes.

Organiza tu agenda

No tener tiempo de hacer algo es porque no le das tiempo en tu vida. Cuando dejes de perder el tiempo, éste te sobrará para hacer todas las cosas que hoy crees que no tienen cabida en tu agenda. Pon ahí tu cita más importante, las actividades físicas que quieres realizar, los espacios de meditación, el tiempo en el que estudiarás todo para montar un nuevo negocio, los tiempos de ocio, los tiempos que pasarás con tus amigos y los tiempos libres, esos en donde no tendrás un plan fijo y fluirás con lo que más se te antoje o necesites. No te olvides de poner un espacio para el descanso, para mirar el cielo.

Organiza tu agenda semanal[8]

1. El domingo en la noche o el lunes haz tu planeación de la semana.
2. Objetivos para esta semana.

---

[8] Propuesta de Federico Paz Miguens y Fabián Fiorito.

a. Equilibrio entre las diferentes dimensiones importantes.

b. Flexibilidad para acomodar imprevistos.

c. Sé realista y no sobrecargues.

3. Objetivos del día a día.

Para Miguens, las "rocas" son los asuntos importantes que habrá que poner en la planeación. Elegir los puntos estratégicos de tu agenda te hará dar un buen salto, porque en ocasiones tenemos una lista de 35 objetivos, de los cuales seis son realmente importantes. Al hacer la planeación de la semana, hay que ubicar las rocas, darles prioridad y asignarles un tiempo en la agenda, siguiendo el principio de Parkinson que describo a continuación. La roca más importante se hace el lunes para que la semana luego sea más ligera.

Ley de Parkinson[9]

Entre más tiempo tenemos, más perdemos el tiempo en realizar la lista de pendientes, así que para organizarte aplica la ley de Parkinson.

1. Pon una fecha límite.

2. Acorta plazos.

3. Usa un cronómetro.

---

[9] La ley de Parkinson, enunciada por el británico Cyril Northcote Parkinson en 1957, afirma que "el trabajo se expande hasta llenar el tiempo disponible para que se termine".

No pierdas el tiempo (o no procrastines)

Para evitar procrastinar o perder el tiempo, Paz Miguens propone "dividir por etapas los proyectos cuando son muy grandes y poner plazos para terminar, eliminar las distracciones y al final de cada hora darte una recompensa". Por ejemplo: tomar un vaso de agua, mirar unos minutos tus redes sociales o hacer una llamada a alguien que te importa.

❖

Apaga el wifi, bloquea al mundo exterior y enfócate.

❖

Para el arraigo, la calma y concretar tus objetivos, es necesario organizarte. El lunes, al empezar con tu jornada, pon el teléfono y todas las notificaciones en silencio. De preferencia guarda el teléfono en donde no lo veas. Apaga las notificaciones de correos electrónicos y dedica tu tiempo a hacer esos pendientes realmente importantes: una presentación, un proyecto, un presupuesto, lo que sea fundamental para el éxito de tus objetivos laborales o personales. Lincoln tiene una frase maravillosa: "Dame seis horas para cortar un árbol y pasaré seis horas afilando el hacha."

❖

No trabajes hasta agotarte, trabaja inteligentemente. Descansa.

❖

Segunda lista de tareas[10]

1. Ser un ninja con las rocas. Sólo seis rocas o actividades estratégicas por semana. Las actividades principales del día no son negociables.

2. Definir lo que vas a hacer en el día. Prioriza y pon tiempo a cada actividad. Siempre deja espacio para los imponderables.

3. Asegúrate de tener espacio mental libre, el tiempo para pensar y revisar cómo estás haciendo las cosas, para generar estrategias.

4. Planea tu día la noche anterior. Tómate un tiempo para organizarte antes de dormir; además así tu subconsciente se queda con esto y hará que al otro día suceda.

5. De esta forma podrás aprender a decir que no y tendrás más tiempo para apoyar a gente de tu equipo, tener espacio para lograr otro tipo de objetivos o tener más tiempo libre para las cosas que realmente importan en tu vida.

EL TIEMPO Y CÓMO CONSEGUIRLO

Una de las preguntas que me hacen frecuentemente es cómo hacer si no hay tiempo ni recursos para lograr los objetivos que realmente importan.

Te cuento una historia:

Una amiga tiene una clienta que se llama Leonor, a quien apoyé en un caso de *coaching*. Es contadora y cuando platiqué

---

[10] Propuesta de Federico Paz Miguens y Fabián Fiorito.

con ella me dijo que odiaba lo que hacía, que desde niña su sueño había sido montar una cafetería.

"¿Desde hace cuánto tienes ese sueño?", le pregunté.

"Desde hace 20 años, pero sigo en el mismo trabajo, con la misma gente y siendo contadora, que fue lo que estudió mi papá y lo que me hizo estudiar por ser una carrera con 'futuro'."

El deseo y la pasión de esta mujer son totalmente válidos, así que hicimos un plan de acción.

La propuesta que le hice fue aprender a estar con lo que es. Estar en su trabajo y sentir la sensación de gozo que le da estar ahí como si ya estuviera en la cafetería de sus sueños. Llevar una flor semanalmente y limpiar su espacio de trabajo; estar con sus colegas y verlos como si fueran los clientes de la cafetería, disfrutarlos; en lugar de irse los viernes con sus amigos a la fiesta y gastar una fortuna en comida y alcohol, ahorrar ese dinero y dedicar tres horas semanales para hacer un plan de acción en relación con la cafetería de sus sueños.

Leonor hace espacio en su agenda para llevar a cabo su plan. Los viernes, en lugar de hacer un gasto tan grande en el restaurante, ahorra ese dinero y una vez al mes hace reuniones en su casa para tener ese espacio de ocio. Decide averiguar todo sobre las cafeterías, y los viernes sale emocionada a tener espacio mental para planear todo lo relacionado con la cafetería de sus sueños. Investiga el costo de los locales que están cerca de su casa, el costo de las cafeteras y hace listas sobre los puntos positivos y negativos de cada una de ellas; toma tutoriales sobre emprendimiento; averigua el costo de las mesas, las sillas, la fianza, el personal; hace un plan de negocios, averigua los costos del negocio y los años que le tomaría recuperar su inversión; pide un préstamo. Invita a un familiar como socia para que la auxilie con la operación de la cafetería en los primeros años del negocio. Encuentra el lugar perfecto. Pasan cuatro años y finalmente tiene su cafetería operando y puede dejar el trabajo de contadora que detestaba. Aun así, agradece su trabajo porque sabe que le dio herramientas para poder llevar a cabo su propósito.

❖

Dedica más tiempo a lo que realmente importa, sin ninguna distracción.

❖

CUANDO NO SABES LO QUE QUIERES

Es posible llevar a cabo nuestros sueños. Pero es necesario primero saber qué es lo que queremos, cuál es nuestra intención, qué está funcionando en nuestra vida y qué no.

Lo primero que tenemos que reconocer es que es necesario organizarnos de tal suerte que tengamos más espacio mental para saber qué es lo que queremos y tomar las decisiones que nos lleven a otro lugar en términos de lo que queremos hacer. Aunque exista una situación de escasez, hay que ser muy conscientes de cómo asignamos nuestros recursos y nuestros tiempos y creer que se puede.

❖

Cuando ya no puedas más, date un tiempo libre para no hacer nada, cansado no llegarás a ningún lado.

❖

DELEGA

En medio del caos, lo queremos hacer todo. Ahí nuestra energía se fuga. Federico Paz Miguens y Fabián Fiorito proponen lo siguiente para que las cosas fluyan: la capacidad de hacer que algo funcione sin mí. Para ello, hay que focalizarnos en:

- Procesos: define un modo simple de algo que haces frecuentemente.
- Automatización: automatiza pagos.
- Delegar: Explica lo que haces, haz un manual y luego permite que el equipo de trabajo lo replique.
- *Outsourcing*: cuando te sea posible, busca ayuda afuera. Tu tiempo es valioso y al final delegar algunos aspectos de lo que haces puede ayudarte para avanzar en lo que realmente importa.
- Arma un equipo: organiza un equipo para cada necesidad.

¿Qué queremos en la vida sin apegarnos al resultado? ¿Alguna vez te lo has preguntado?

**Cuando tenemos tiempo libre
y hacemos algo diferente, las mejores
ideas aparecen.**

REFLEXIONES

- ¿Qué hábitos vas a incluir en tu vida para pasar del caos a la calma?
- ¿Qué pensamientos negativos tienes respecto a tu vida o emprendimiento laboral?
- ¿Qué te quita tu poder personal?
- ¿Qué te quita tiempo?
- ¿Qué te hace perder la concentración?
- ¿De qué te quejas?
- ¿Qué tendrías que hacer para generar un cambio?
- ¿Cómo te quieres sentir?

CAPÍTULO VI

De la intensidad a la moderación

La economía de consumo nos invita a ser indulgentes, intensos y a desarrollar fácilmente comportamientos compulsivos. A unos nos hace falta organizarnos, a otros nos hace falta dejar de planearlo todo.

Cuando todo lo planeamos, cerramos la posibilidad de sorprendernos y acumulamos una serie de exigencias y frustraciones: sentir que las cosas deben de ser perfectas; criticar al otro y criticarnos a nosotros mismos; sentirnos frustrados cuando las cosas no salen como queremos y entonces desbordarnos en ira, enojo, irritabilidad. Querer controlar las agendas de los otros, el mundo exterior, las cosas que pasan y estallar cuando no lo logramos; ser impacientes. Hacer todo para ser el mejor, el que brilla, el que es visto, competir con el otro, ganarle, ser famoso, ser querido. Juzgar al otro, ser celoso, juzgarse a sí mismo con intensidad y dureza. Lastimarse a uno mismo para lograr las metas propuestas con tal de alcanzarlas, lastimar a otros con odio o hasta con violencia. Todas ellas son expresiones del fuego en desequilibrio.

Cuando *pitta*, el elemento fuego y agua se agravan, el exceso de calor se manifiesta como inflamación, léase exceso de calor en cualquier órgano: gastritis, colitis, cistitis, acidez, úlceras, migrañas, y como las emociones antes descritas.

A nivel funcional *pitta* opera como el principio de la transformación. Se encarga del metabolismo, del proceso de digestión, absorción y eliminación. El agua y el fuego conforman el "principio que transforma" el cuerpo y dan calor al organismo. El sistema digestivo es principalmente *pitta*, y transforma y controla los procesos de digestión física y mental. *Pitta* no es la bilis, pero sí la fuerza que causa que emerja. Su asiento principal está en el hígado, responsable de metabolizar las emociones como el enojo, la ira, el odio, la irritabilidad.

Cuando la energía del agua y el fuego (*pitta*) se encuentran saludables existe:

- Excelente metabolismo y digestión.
- Gran capacidad de organización, discriminación, precisión, liderazgo.
- Disciplina, empatía, inteligencia, coraje.

Cuando el agua y el fuego se encuentran en desequilibrio se manifiestan como:

- Procesos de inflamación como gastritis, colitis, migraña, acidez, úlceras.
- Críticos, necesidad de control, intolerancia, enojo.
- Destructividad en extremo, violencia, hostilidad, odio.

Recuerda la ley de "similar aumenta similar": todo se cura por fuerzas contrarias. El exceso de calor se cura con la cualidad contraria, que es lo frío. La necesidad de la mente de controlar se cura con la cualidad contraria, que es soltar.

¿Qué hacer cuando estamos agravados en *pitta*, cómo ir de la intensidad a la moderación, de la compulsión a la autorregulación?

RUTINA GENERAL PARA PASAR DE LA INTENSIDAD A LA MODERACIÓN

Moderación, diría el doctor Dieter le Noir, es la palabra clave para el *pitta*. Moderación en lo que se come, en las emociones, en la exigencia hacia uno mismo y hacia el otro.

El *pitta* deberá de procurarse un ambiente en donde esté fresco. La vida en la ciudad con clima fresco, la montaña o lugares de clima frío. La brisa del aire y las bebidas frías le ayudarán a disminuir su intensidad emocional. Nada más recomendado que salir a tomar un paseo nocturno a la luz de la luna llena, practicar la hidroterapia, tomando un baño de agua fría por las mañanas o cuando las emociones están desbordadas. En cuanto a las actividades físicas, has de tener cuidado del modo en el que realizas el ejercicio físico. El *pitta* quiere "ser el mejor" en lo que haga. Si te gusta correr estarás obsesionado por tener el mejor tiempo, o ser el mejor en fisicoculturismo, en tu práctica de yoga pensarás en tener la técnica perfecta para hacer la postura más complicada. En realidad, lo que el *pitta* requiere es una práctica de yoga suave, o practicar un deporte que te refresque como velear, nadar, practicar chi-kung o tai-chi, meditación de kundalini yoga, en donde baje la energía al corazón, fluya y puedas soltar tu necesidad de competir y sobresalir.

Recuperar la presencia para *pitta* es fundamental, practicando una meditación simple en donde repitas un mantra y seas capaz de observar tu respiración, sin querer controlarla, sólo observarla.

Usa colores refrescantes como el verde o el azul, ya sea para vestir o para pintar tu casa o habitación.

La sábila fresca es un alimento que puedes ingerir regularmente para erradicar el exceso de calor en el estómago y en el hígado, así como tomar agua de coco, pepino o comer sandía y melón, que son de naturaleza muy refrescante.

La plata y la piedra de la luna en lugar del oro para adornar y equilibrar son recomendados. Tratar de propiciar la calma, la tolerancia, la paciencia y la paz en tu vida es fundamental para el *pitta*.

Ponerte en el lugar del otro y practicar el yoga de la devoción, generosidad y gentileza hacia el otro será un modo para que el *pitta* pueda abrir su corazón y desarrollar un verdadero estado de gozo y dicha.

Esencias como la lavanda, el sándalo, la rosa y el jazmín te ayudarán a liberar el estrés en tiempos de crisis.

Practica el vivir el momento presente poniendo tu mejor intención y rendirte a las cosas que suceden en la vida sin generar expectativas.

Alimentación

1. Procurar una dieta equilibrada.
2. Evitar los alimentos muy calientes y muy grasosos.

3. Preferir la comida cruda y fría.

4. Evitar el café, el alcohol y el tabaco.

5. Incluir sábila, menta, cúrcuma e hinojo en tu alimentación.

6. Preferir los alimentos dulces, amargos y astringentes.

7. Evitar el picante.

Respiración antienojo

Si te sientes agitado, enojado, con estrés y presionado trata de respirar a través de la fosa nasal izquierda. Encuentra un lugar privado en donde nadie te moleste y en donde puedas estar contigo mismo. Usando el dedo pulgar de la mano derecha y manteniendo el resto de los dedos juntos y apuntando hacia arriba como una antena, cierra tu fosa nasal derecha. Comienza a respirar largo y profundo únicamente a través de la fosa nasal izquierda. Veintiséis respiraciones profundas harán el trabajo. Y cuando tengas calma podrás decidir qué hacer con cualquier situación que requiera de tu acción, porque ya no responderás emocionalmente.

DEL ENOJO A LA PAZ

Podemos mantener la calma y la ecuanimidad en la vida cotidiana, pero casi siempre hay algo o alguien que nos reta de tal manera, que nos saca de nuestro centro y provoca que reaccionemos con enojo o con odio. Cuando somos propensos a desarrollar la ira, el enojo, el juicio, el *bullying*, la crítica extrema, la violencia, pensemos: ¿en qué frecuencia queremos sintonizar?, porque sabemos que nos sentiremos peor después de enojarnos.

Hay quienes expresan la emoción hasta los golpes; hay quien la guarda por lustros y décadas en alguna parte del cerebro, en alguna parte del cuerpo; hay quien no quiere ver estas emociones y mejor se toma una bebida o se va de compras, hace más ejercicio, se fuma algo o cualquier cosa que le permita dejar de ver eso que le frustra. Podemos modular nuestra manera de responder ante la vida, ya que no podemos predecir las situaciones externas ni cómo se van a presentar.

Aromaterapia para refrescar la mente y el cuerpo

Todas las flores, especialmente rosa y lavanda
Aceites antiinflamatorios: Incienso y manzanilla romana

Cuando no nos damos cuenta, nos dejamos ir, porque en este sistema de automatización reaccionamos con los mismos impulsos ante las mismas situaciones, sin ninguna intención ni propósito. ¿Cómo podemos ser capaces de observar el enojo, de purificarlo en lugar de seguir permitiendo que nos guíe y que nos haga reaccionar a la menor provocación? ¿Cómo no enojarme con mis hijos o mi pareja cuando hacen tal o cual cosa? Para transformar el enojo, es importante que aprendamos a observar nuestras reacciones en la vida diaria. Muchas veces ya sabemos qué o quién detona nuestro enojo y bajo qué circunstancias, y es ahí en donde tenemos que practicar el arte de observar nuestras emociones y verlas antes de reaccionar. ¿A ti qué te hace enojar?

Cuenta la historia que el Buda, entonces conocido como Bodhisattva, tomó la determinación de mantenerse inmóvil debajo del árbol Bodhi hasta experimentar el estado de iluminación. Sin embargo, Mara, una figura mítica dentro del budismo, que representa la "destructora de la virtud", al observar la intención del Buda se dedicó a presentarle una serie de retos para sacarlo de su estado de serenidad, desde cuestionarlo internamente hasta propiciarle todo tipo de calamidades climáticas. Pero el Buda mantuvo su determinación de mantenerse sereno.

Cuando nos enojamos podemos explotar o podemos aprender a respirar de forma adecuada y generar un espacio para que el enojo se transforme. Regularmente antes de que nos enojemos, lo que sucede es que nuestros latidos y nuestra respiración empiezan a acelerarse. Luego viene la reacción, que puede ser cualquiera, desde un grito hasta ser violentos físicamente. Quizá después de esto nos tranquilicemos, pero a los pocos minutos nos sentiremos muy mal, ya que posiblemente hayamos agredido a otra persona.

Respira

Si ya sabemos que vamos a estar en una situación en donde nos sentimos vulnerables, lo que podemos hacer es practicar la respiración profunda. Cuando respiramos en conciencia, es decir, dándonos cuenta del proceso de cada inhalación y de cada exhalación, la mente se encuentra conectada con el cuerpo, y es menos factible que reaccionemos o que nos irritemos tan fácilmente. Cuando no somos conscientes de nuestro proceso respiratorio, entonces la mente toma el espacio, se convierte en la loca de la casa y reacciona a la menor provocación. Repito.

Es importante practicar desde este momento a respirar adecuadamente para poder soltar el enojo.

Antes de ver a esa persona o esa intención, ponte aceite de lavanda o simplemente siéntate, cierra los ojos y date cuenta de que vas a enfrentar una situación en la que tiendes a reaccionar con enojo. Te recomiendo reflexionar en lo siguiente: la persona o la situación es la que es, no puedes cambiarla, pero sí puedes cambiar tú y decidir no darle tu poder, no reaccionar ante lo que te provoca; como dicen por ahí, que se te resbale. Mientras estés en la circunstancia o con esa persona, mantente en ti mismo, observando tu respiración y con tu decisión clara de no reaccionar como acostumbras, de respetar la circunstancia o a la persona con compasión y sin juicio. Verás que pasa. Experiméntalo.

Ya que las emociones de control, ira, enojo, venganza son de naturaleza cálida, la fuerza contraria para contrarrestarla es la del frío, que nos ayuda a refrescarnos, soltar, ser más gentiles con nosotros mismos y con el otro. Por eso la aromaterapia con esencia de lavanda, rosas, geranio, sándalo nos ayudarán a sintonizarnos en la frecuencia de la aceptación, el amor, la compasión, la fluidez, el gozo, la gratitud, el poder preocuparnos por el otro y vernos en el otro; las flores de Bach también son útiles en el proceso de trabajar con estas emociones.

Respiración para tranquilizarte cuando estás enojado

Cuando ya estoy enojada y mi temperatura corporal ha subido y el enojo va acompañado de ira, antes de practicar la respiración profunda, hago la siguiente respiración:

Me siento sobre una silla con la espalda recta y pongo mi boca en forma de "O". Si puedo cierro los ojos y si no, aunque tenga los ojos abiertos, pero con mucha calma y de forma muy lenta, inhalo a través de la boca en forma de "O". Hago una pausa de tres segundos y luego exhalo muy lentamente por la nariz. Hago otra pausa de tres segundos y prosigo con esta secuencia nueve veces más. Luego respiro de forma normal y hago la respiración profunda por tres minutos. Descanso y observo cómo mi espacio mental se ha transformado y cómo me siento mucho más calmada.

SOLTAR EL CONTROL

Cuántas veces en la vida pensamos que si hacemos las cosas de cierta forma, deberíamos de tener un determinado resultado. Quién no ha pensado que quizá no tiene pareja porque tiene unos kilos de más y no es suficiente, o siente vergüenza al llegar a un lugar en donde no conoce a otros y quizá sea criticado o juzgado, olvidando que la percepción del otro no puede ser controlada y que, por más que lo intentemos, no podemos satisfacer las expectativas de los demás. Y francamente es agotador.

Te cuento una historia:

Un buen día de febrero de hace varios años recibí una llamada para participar en un blog. Y dije, "¿un blog?", la verdad sabía que existían, pero no había tenido tiempo ni ganas de visitar alguno. Sin embargo, la idea de escribir lo que se me diera la gana me pareció increíble.

Empecé a escribir cada semana y me dio mucha curiosidad cuando de pronto recibí un comentario de alguien que era mi amor platónico de cuando tenía 13 años. Él no me conocía, pero yo a él sí. Entonces empezamos a intercambiar correos electrónicos. Él en ese momento vivía en Colombia, y yo en la Ciudad de México. Me di cuenta de que con ansias llegaba a mi casa todas las noches para ver si este personaje, a quien llamaré Mr. Z, me había escrito algún comentario en mi blog o me había mandado un correo electrónico. La situación se intensificó cuando me dijo que nos encontráramos en el chat, porque entonces ya tenía tres cosas que revisar, el correo, el blog y la conexión al Messenger para chatear.

Después de que empezamos a chatear todo sucedió muy rápido y, pasadas algunas semanas, yo ya estaba subida en un avión de Avianca rumbo a Bogotá. Aunque tuvimos un romance maravilloso, él siempre fue claro conmigo y me dijo que no estaba listo para una relación. Pero yo no escuché el mensaje. Regresando a México me encontraba ya totalmente obsesionada por encontrarme a Mr. Z en el ciberespacio. Abría el Facebook, el Messenger, el correo electrónico para ver si había algún mensaje de este ser.

Fue la distancia la que me dio el espacio y la claridad para observar mis reacciones. Si me escribía me llenaba de felicidad, y curiosamente empecé a reconocer que si no me escribía me afectaba y me sentía frustrada y muy mal. Aunque la relación no se gestó como la historia de la bella durmiente, el hecho de estar lejos y la forma en la que se dieron las cosas me permitieron observar la necesidad que tenía de que las cosas sucedieran de determinada manera, mi necesidad de controlar.

Mi relación con Mr. Z se convirtió en uno de los mayores aprendizajes de mi vida. Para mí fue un maestro espiritual, porque tuve la fortuna de relacionarme con un ser honesto y de enorme corazón con el que ahora mantengo una muy buena amistad.

El otro o las otras circunstancias son siempre nuestros maestros. Si estamos en una relación fácilmente nos volvemos vulnerables y es interesante ver cómo lo que el otro hace o deja de hacer nos hace reaccionar; pero si logramos observarlo, podremos trascenderlo eventualmente. Escribir en un cuaderno específico todo lo que sentía cada vez que Mr. Z me escribía o no, respirar cuando venía la emoción, observar las emociones que venían en ese momento y practicar la meditación diaria fueron las herramientas que me permitieron soltar el control.

Cuando somos controladores, queremos que todo salga como lo tenemos planeado, que los demás reaccionen de acuerdo a como deseamos. Es frustrante cuando no sucede así. Una gran herramienta es ofrecer nuestras acciones a algo superior a nosotros mismos. No tiene que ver con dejarse ir y ver qué nos depara la vida, más bien es no apegarnos al resultado de nuestras acciones ni deseos. En el momento en el que ponemos nuestra felicidad en manos de alguna circunstancia externa o de alguien, somos propensos a sufrir.

Respiración para disminuir la irritabilidad y la impaciencia

Siéntate con las piernas cruzadas y la espalda recta. También te puedes sentar sobre una silla. Cierra los ojos. Relájate en esta postura y ahora saca la lengua y hazla "taquito". Comienza a inhalar a través de la boca profundamente y exhala despacio a través de la nariz. Esta respiración se llama *sitlali pranayam*, y es ideal practicarla en momentos en los que te sientes enojado, irritable o con poca tolerancia. La puedes practicar tres minutos diariamente. También se recomienda en caso de mareo o indigestión y puedes practicarla en cualquier lugar.

ABRAZAR NUESTRA IMPERFECCIÓN

Intentamos dar lo mejor de nosotros mismos, aunque a veces no nos salgan los resultados; vamos pensando que nuestra vida será mejor cuando hayamos comprado la bolsa esa carísima, lleguemos a un cierto número de seguidores, salgamos con tal o cual persona, lleguemos a tener un ascenso de puesto o una cierta cantidad en el banco. Pero llegamos ahí, tenemos la bolsa, la pareja, el dinero, los *likes* y nos damos cuenta de que el vacío sigue, que no nos satisface, que queremos más o que necesitamos más.

El perfeccionismo es autodestructivo porque no existe tal cosa como ser perfecto, porque el perfeccionismo tiene que ver todo con la percepción y no hay manera de controlar la percepción del otro, por más tiempo y energía que invirtamos en esto. También es adictivo, porque cuando experimentamos vergüenza, juicio o pena, pensamos que es porque no fuimos perfectos. Por otro lado, "es mi culpa, me siento así porque no soy suficiente" son discursos clásicos de los perfeccionistas. Así que en palabras de Brené Brown: "El perfeccionismo no es la misma cosa que esforzarse por dar lo mejor de uno. El perfeccionismo no se trata de logros y crecimiento saludables, sino que es un sistema de creencias autodestructivo y adictivo que alimenta este pensamiento primario: si me veo perfecto, vivo perfectamente y hago todo perfectamente, puedo evitar o minimizar las dolorosas caídas de vergüenza, juicio y culpa. Es una coraza que tiene que ver con ganar aceptación y aprobación del otro."[1]

Se siente bien cuando soltamos la idea de ser perfectos para ser nosotros mismos.Para manejar el perfeccionismo tenemos que reconocer nuestras vulnerabilidades de vergüenza, juicio y culpa y que son universales. Al ser compasivos con uno mismo, podemos encontrar los verdaderos regalos del coraje, la compasión y la conexión.

El doctor Kristin Neff, investigador y profesor de la Universidad de Texas en Austin, dice que la autocompasión tiene tres elementos:[2]

- Gentileza. Ser cálidos y comprensivos con nosotros mismos cuando sufrimos, fallamos o nos sentimos inadecuados, en lugar de ignorar nuestro dolor, flagelándonos con la autocrítica.
- Humanidad común. Reconocer que el sufrimiento y los sentimientos de sentirse inadecuado son parte de todos los seres humanos.
- *Mindfulness*. No estar "sobre identificándonos" con los pensamientos y sentimientos que nos dejen en un estado de negatividad.

---

[1] Brené Brown, *op. cit.*, pp. 57-58.
[2] *Ibid.*, p. 59.

❖

Estamos todos juntos, todos sentimos. Sal y sé tú mismo.

❖

BAILAR, REÍR, CANTAR

Una de las cosas que agradezco de mi práctica de kundalini yoga es cuando en alguna serie nos ponen a bailar, porque entonces estamos todos en eso, bailando al ritmo de los tambores, soltando, sin pena, sólo siendo. Pero en otras ocasiones me da pena. Seguramente alguna vez alguien me dijo o me compré la idea de que "no tengo ritmo", entonces mejor no bailo. Y así me cuesta trabajo soltar el control y ponerme a bailar. Pero cuando puedo, lo hago, sólo suelto.

El doctor Stuart Brown, psiquiatra e investigador del Instituto Nacional del Juego en Estados Unidos, explica que el juego da forma a nuestro cerebro, nos ayuda a forjar empatía, a navegar en grupos sociales complejos y está en el centro de la creatividad y la innovación. El juego es tan esencial para nuestra salud y funcionamiento como el descanso.

Reírse, bailar y cantar es para muchos arriesgarse a ser vulnerables, por lo que lo hacen cuando están con su gente más cercana. En este proceso es necesario soltar el control y dejar de "ser *cool*". Éstas son incuestionablemente actividades buenas para el alma. El querer ser percibido como *cool* es sobre todo minimizar nuestra vulnerabilidad y reducir el riesgo de ser ridiculizado o de que se rían de nosotros, y por esa razón nos perdemos de probar nuevas experiencias. En el camino nos traicionamos y es posible que hasta traicionemos a nuestra gente querida. Cuando no nos damos el permiso de ser libres, rara vez toleraremos la libertad en otros, porque seremos nosotros los que los ridiculizaremos o juzgaremos.

CONECTAR LA CABEZA CON EL CORAZÓN

Cuando nuestra naturaleza tiende a ser más fuego, hay una tendencia a ser muy racionales. Entonces es necesario bajar la energía de la racionalidad a nuestro corazón.

Para conectar con el corazón podemos practicar el yoga de la devoción al repetir un mantra todas las mañanas; servir a otros ya sea visitando a los enfermos, yendo a jugar con los niños o dándonos a alguna causa social.

Postura matutina para alinearnos con el corazón

Junta las palmas de las manos. Apoya los dedos pulgares a la altura del corazón. Tus manos quedarán en postura de oración. Cierra los ojos. Observa tu respiración. No hagas nada. Sólo observa el proceso natural de cada inhalación y cada exhalación. Siente el latido del corazón. Reposa por un momento en ese espacio y en la sensación de la pulsación. Después de unos minutos, repite en silencio: "Con respeto y amor, honro a mi corazón, mi verdadero maestro". Respira profundo e inicia el día en tu centro.

DE LA COMPULSIÓN A LA AUTORREGULACIÓN

Me sorprende mucho cuando veo a alguien fumar un cigarro uno tras otro en automático o acabarse un litro de helado sin dejar la cuchara ni un instante. No porque lo juzgue, sino por la automatización de la acción.

Sobre la compulsión, mi maestro Vasant Lad daba el siguiente ejemplo cuando alguien le preguntaba cómo dejar de fumar: "Miras la cajetilla de cigarros, ves su forma y todos sus colores, hueles los cigarros, sacas el cigarro, miras su forma y finalmente lo prendes y observas con atención lo que sientes al fumarlo". Con ese método, conozco a mucha gente que dejó de fumar o que al menos logró fumar muchos menos cigarros al día.

Una buena amiga un día me dijo que le generaba ansiedad el poder un día atragantarse con comida, porque ya un par de conocidos habían muerto de asfixia por atragantamiento. Y mi respuesta fue la siguiente: "Si masticas bien, no tienes por qué atragantarte". Pero por costumbre o en el mismo proceso de automatización es posible que sucedan este tipo de accidentes. Masticar al menos 32 veces nuestros alimentos es muy sabio, porque reduce la cantidad de alimento que comemos, disminuye el hambre y hay una mejor absorción de los nutrientes.

La magia de estar presentes con las acciones que realizamos es el primer paso para autorregularnos.

Lo que repites es lo que creas.

Nada está bien y nada está mal. El riesgo es el exceso de lo que hacemos y lo que estamos repitiendo.

¿Qué hábitos estás generando en tu vida?

Todos somos susceptibles de estar en una situación adictiva. Sobre todo si recordamos que las adicciones no solamente son una sustancia o el alcohol, sino que podemos ser adictos a una relación destructiva, a un cierto estado de ánimo, a la televisión, a la computadora, al juego, al ejercicio físico, a estar bronceados permanentemente, a la comida, etcétera. Las adicciones se pueden presentar de muchas formas. Al estar presentes en el día a día nos será más fácil darnos cuenta de lo que hacemos o dejamos de hacer.

Imagínate que estás en altamar y tienes la voluntad de tomar muchos caminos, porque de pronto se abren brechas y posibilidades y puedes ir a todos lados. Pero un buen día decides navegar por una misma brecha porque es cómoda, es angosta y además es tan fácil que si te sigues por ahí, ya no tienes que hacer nada, puedes soltar el volante y simplemente dejarte ir, ya que de alguna manera te funciona. Llega un momento en el que sin darte cuenta pierdes la voluntad y te dejas ir. Este instante es muy peligroso, porque es el momento en el que te dejas ir a ese lugar que más te atrae. Para algunos será dejarse ir con los atracones de comida o de azúcar, para otros será dejarse ir cinco horas en los videojuegos; para otros será fumar marihuana todo el día o jugar, comprar hasta acabarse la quincena, fumar cigarro tras cigarro, ceder al impulso de tomar más antidepresivos o más fármacos, mirar cada minuto su celular para ver si su pareja está en línea o no, tomarse un whisky más o una pastilla más para poder dormir. Ésos son algunos ejemplos. El asunto es que si no ponemos atención es fácil buscar el modo de seguirse y luego quién sabe a dónde te llevará el río.

En un primer momento puedes entrar y salir de la brecha, pero sobre todo cuando se trata de ingerir sustancias en exceso, puede llegar un momento en el que cada vez te sea más difícil regresar a altamar, porque en el confort de vivir la vida en automático, sin esfuerzo y en la total distracción, vas perdiendo también tu voluntad. Lo he visto muchas veces. Amigos que abusan de la bebida, que ya han sido afectados en su salud por daños en el hígado, que ya han tenido problemas con amigos y familiares porque su personalidad se transforma con el exceso de ingesta de alcohol y que no pueden detenerse. En automático piden una bebida más o un cigarro más u otra hora más de videojuegos. Diabéticos, personas con sobrepeso tentadas a seguir comiendo pan a pesar de que ya tienen que usar insulina para tratarse o que incluso tienen ya insuficiencia renal.

Tengo un amigo al que encontré un domingo soleado en la tarde, después de 15 años de no verlo. Luce calvo, delgado y sin ilusiones. Mi memoria va a aquellos tiempos en los que él era el alma de la fiesta. Padece de gastritis, pero dice curarse con los medicamentos que recetan en la televisión. Pero pasan los meses y la gastritis se convierte en úlcera gástrica y entonces se toma los medicamentos que le receta el médico, más fuertes, que sólo parchan los síntomas. "Pero ¿qué te ha pasado, Horacio?", pregunto. "Pues nada, vengo saliendo de un cáncer de estómago que casi me mata, pero aquí estoy. No he tomado nada en dos meses, pero ya es suficiente, brindemos con un whisky, ¿no?"

"Crímenes contra la naturaleza", así le llamó Robert Svoboda a lo que hacemos cuando insistimos en seguir cometiendo crímenes contra nosotros mismos, por dejarnos ir ante la comodidad, el camino fácil y la pérdida de nuestra voluntad.

No soy fundamentalista. Nunca me han gustado ni me han funcionado las dietas, ni he logrado ser vegetariana o vegana o abstenerme de tomar una copa de vino o disfrutar de un delicioso croissant con mantequilla y mermelada con un buen café americano recién salido de la máquina, lo acepto. Pero gracias al conocimiento de una de las medicinas ancestrales más antiguas, como lo es el Ayurveda, logré conocer el camino de en medio. Entendí que todo en esta vida puede ser una medicina o un veneno dependiendo de quién seas y en qué momento de tu vida te encuentres.

Afortunadamente he podido aprender a moderarme gracias a:

1. La magia de estar presente, el kundalini yoga y el sat nam rasayan.
2. El Ayurveda.
3. La práctica de la gratitud.

¿Estás listo para tomar la decisión clara, radical y contundente de responsabilizarte de tu vida y pasar de la intensidad a la moderación, de la compulsión a la autorregulación?

> "Primero creamos un hábito, luego el hábito nos crea. Y es muy difícil romperlo. Si hay un hábito equivocado, tienes muchos problemas."
>
> YOGI BHAJAN

ANATOMÍA DE LAS ADICCIONES

Para entender la magnitud del problema con las adicciones y lo difícil que es reprogramar al adicto, Coen Van Der Kroon, director de la Academia de Estudios en Nutrición y Ayurveda de Holanda, explica: "Imagine que usted vive en una pradera. Ahora imagine que no hay caminos en dicha pradera y para ir al pueblo cercano usted y su familia y el resto de los vecinos empiezan a caminar por el mismo lugar. Eventualmente se abrirá una brecha y será su opción para ir al pueblo". Él dice que para entender cómo funcionan las adicciones hay que pensar que las sustancias adictivas, los comportamientos neuróticos frecuentes o el abuso del alcohol son como abrir una brecha en el cerebro, en donde al darse el abuso, el adicto verá esa brecha como su única opción, su único camino. "Las adicciones son muy difíciles de curar, porque las sustancias o comportamientos adictivos tienen un efecto que impacta directamente en la química del cerebro, cambia los patrones del mismo y además está conectado con una forma de pensar", señala Van Der Kroon. "El problema es que el adicto ya no ve ninguna otra opción para enfrentar la realidad y en este sentido el tratamiento espiritual y el que ofrecen los tratamientos alternativos —explica—, tienen el potencial de ir más allá de los patrones neurológicos que han sido suprimidos cuando uno desarrolla una adicción."

¿Qué es lo que a ti te atrae?

Distintos tipos de atracciones

Atracción a las sustancias: Se incluye el consumo de fármacos, drogas, alcohol, tabaco, azúcar, las benzodiazepinas (inductores de sueño y ansiolíticos), los antidepresivos, la marihuana, heroína, drogas de diseño como el éxtasis, las metanfetaminas, etcétera.

Comportamientos compulsivos: La codependencia, la necesidad de tener aprobación del otro, de controlar al otro y la dependencia a la adrenalina que incluye la satisfacción sexual o incluso la adrenalina que puede generar el hacer deportes extremos o el jugar compulsivamente.

- Comer o no comer: Anorexia y bulimia, comer impulsivamente.
- Atracción digital: Relacionada con la compulsión a las redes sociales, juegos digitales, videojuegos, querer tener *likes* o más seguidores en tus redes sociales.

Un alarmante nuevo estudio muestra que una gran cantidad de niños menores de cuatro años tienen acceso a un dispositivo móvil, y algunos de esos niños comenzaron a usarlo antes de cumplir un año de edad.

Una vez estaba con mi hijo. Terminó su tiempo de jugar con el videojuego y salimos al parque. Estando ahí en un momento se me acercó y me preguntó: "Mamá, por qué tú sí puedes estar todo el tiempo viendo tu teléfono y yo no".

A mí me gusta tomar fotografías y el día que descubrí los filtros, pude darme cuenta de que podía pasar más de 15 minutos viendo cómo iba a publicar la foto perfecta. Pero no sólo eso, también una vez publicada, es fácil estar viendo cada vez que alguien le da un "me gusta", como si ésa fuera una forma de validarnos.

Fue tan potente ese momento que en el siguiente viaje que hicimos decidí que hiciéramos una desintoxicación digital. El resultado fue que pudimos pasar un fin de semana en la playa acostados sobre una hamaca, leyendo libros y buscando conchas en la arena sin tomar fotografías ni jugar videojuegos. Nuestra conexión con el entorno nos permitió conectarnos también con las personas que visitaban el lugar y atendían el restaurante. Y aunque en un primer momento extrañamos nuestros aparatos electrónicos, al final ya ni nos acordábamos de que existían.

- Compras compulsivas: Aquellas en las que creemos que necesitamos comprar para mantener nuestro *statu quo* o ser reconocidos.

El tema con las compras compulsivas es que puedes hacerlo para tapar un vacío, pero lo que sucede es que por más que compres, no te conviertes en una persona más completa. La búsqueda sigue, porque nunca tendrás suficiente de lo que en realidad no quieres. Como dice Rick Hanson: "En el fondo no queremos más bienes, más juguetes, más coches, queremos lo que nos traerán, nos queremos sentir completos, satisfechos".[3] No está mal comprar, lo que está mal es comprar compulsivamente lo que la publicidad nos dice.

Crear un hábito requiere repetición.
¿Quieres tener hábitos que te generen salud?
¿O quieres crear hábitos adictivos?

Meditación para romper con las adicciones

Para realizar esta meditación, siéntate en una postura cómoda y con la espalda recta. Ligeramente lleva las primeras seis vértebras hacia delante. Haz puños con los dedos de las manos y extiende los pulgares. Con los pulgares presiona justo en la zona de las sienes, la pequeña cavidad en donde los pulgares se pueden acomodar perfectamente. Junta las muelas y mantén la boca cerrada, pero suave. Haz vibrar los músculos de la mandíbula al alternar la presión en los molares. Sentirás

---

[3] Rick Hanson, "The Minimalism".

un músculo moverse debajo de los pulgares. Manteniendo los ojos cerrados mira interiormente al entrecejo. En silencio vibra los sonidos SA, TA, NA, MA. Continúa por cinco minutos y realiza esta práctica durante 40 días.

Postura para estimular la desintoxicación del organismo

La siguiente postura se llama postura de león y la puedes practicar para promover la desintoxicación de tu sistema digestivo. Es importante que la realices en ayunas o que al menos hayan pasado dos horas desde que ingeriste algún alimento:

Colócate de rodillas y siéntate sobre tus talones, los dedos gordos de los pies están juntos y las rodillas abiertas a aproximadamente 80 cm entre sí.

Apoya las manos sobre tus rodillas.

Inhala y encorva tu columna vertebral, llevando la barbilla hacia el pecho y llevando las crestas iliacas y parte inferior de las costillas posteriores hacia la columna vertebral.

Con la exhalación, proyecta el pecho hacia delante, saca la lengua, abre bien los ojos y mira hacia el entrecejo, sacando el aire por la boca con fuerza, a manera de cañón.

Repite de cinco a 10 veces y luego descansa sobre tu espalda.

Cuando nuestra naturaleza está agravada en *pitta* es muy importante cultivar la compasión hacia nosotros mismos y ser gentiles; darnos oportunidad de abrazarnos cuando nos hemos equivocado, de reconocer nuestros esfuerzos, dar tiempo para que la vida se exprese. Darnos tiempo de observar cuando queremos ser "controladores de la vida" y ser gentiles, amorosos con nosotros mismos, sólo darnos cuenta y surfear la ola de la vida con gracia y apertura permitiendo así que la vida nos sorprenda.

REFLEXIONES

* ¿Qué es lo que te atrae?
* ¿Qué de todo lo que hay allá afuera en la maquinaria abrumadora del mundo del consumo llama tu atención?
* ¿Qué actitudes o acciones detonan tu enojo?
* ¿Qué acción podrías realizar para disminuir la irritabilidad cuando te enojas?

CAPÍTULO VII

Del estancamiento a la vitalidad

En estos tiempos a algunos lo que nos atrae es comer o no hacer nada: tener ganas de dormir todo el día, de no moverse, de querer ver la televisión todo el tiempo. Solemos sentir pesadez, congestión, gripa, alergias, retenemos líquidos, tenemos los niveles de azúcar elevados o el colesterol alto. Somos complacientes, queremos acumular muchos bienes o recuerdos o dinero, porque no vaya a ser que nos hagan falta en el futuro, o por si se descompone la cafetera, mejor tengo otra. Experimentamos la necesidad de poseer, tendemos a ser avariciosos, a la pereza y al embotamiento, quizá hasta experimentar depresión. Todo ello son síntomas del exceso de los elementos agua y tierra.

Estos síntomas se manifiestan más sobre todo en tiempos de invierno e inicios de primavera, en los que el clima tiende a ser húmedo o frío, entonces queremos comer azúcar, carbohidratos, no salir de la cama, quedarnos aletargados, estancados.

Se le llama *kapha* a la energía dinámica compuesta del elemento agua y tierra, y es el que da el "principio de estabilidad". A nivel funcional, *kapha* es la "fuerza de cohesión que une a todos los elementos a fin de formar las estructuras materiales de la vida, es la manifestación más densa de la materia, la piel, los órganos, nuestra estructura ósea. *Kapha* sana las heridas, permite el desarrollo físico, imparte resistencia y estabilidad, y mantiene el ambiente interno del cuerpo. También proporciona energía al corazón y a los pulmones y opone resistencia natural a las enfermedades. Cuando se debilita se experimentan pesadez y bloqueos".[1]

Nuestros tejidos son principalmente *kapha* o acuosos naturalmente. *Kapha* establiza, además de controlar los procesos de lubricación en el cuerpo, los tejidos y los deshechos, su fuerza se expele a través de la mucosidad. *Kapha* no es la mucosidad, pero lo que produce que emerja. "Kapha tiene las mismas cualidades que la mucosidad. Es viscoso, lo que produce un movimiento lento. También es frío, pesado, grueso, pegajoso, todas cualidades relacionadas con el lodo, la tierra suspendida en agua. La pesadez es un efecto colateral de la estabilidad, que es la principal función de Kapha. La viscosidad que puede producir el exceso de pesadez, introduce lentitud en el cuerpo y en la mente."[2]

El agua y la tierra (*kapha*) se encuentran saludables cuando:

- Hay potencia, vitalidad y energía.
- Existe amor, empatía, estructura, paciencia y gozo.
- La mente está ecuánime y tranquila.

---

[1] Pratima Raichur, *Ayurveda: las mejores técnicas para conseguir una belleza verdadera*, p. 43.
[2] *Ibíd.*, pág. 46.

El agua y la tierra (*kapha*) se encuentran en desequilibrio cuando:

- Hay congestión, tos, gripa, pesadez, letargo, depresión, obesidad, sobrepeso, edema, diabetes, cáncer.
- Les gusta dominar a otros a través de controlar los recursos materiales, son avariciosos, buscan riqueza y acumulación de bienes materiales.
- Están atorados en la inercia, letargo, sus mentes son insensibles y tienden a estar deprimidos; posesividad, intoxicación. No les gusta esforzarse y culpan a otros de lo que les sucede.

Recuerda la ley de "similar aumenta similar, todo se cura por fuerzas contrarias". Lo estático, el letargo, la depresión, el estancamiento se curan con la cualidad contraria que es la movilidad, recuperar la estimulación, encender el fuego, reactivar el *prana*, la fuerza vital.

RUTINA GENERAL PARA PASAR DEL ESTANCAMIENTO A LA VITALIDAD

Las palabras clave para *kapha* son el desapego y la acción.

Has de seguir una rutina estricta sobre todo durante la última parte del invierno y a principios de la primavera, que es cuando más tienden a agravarse. Es durante esta temporada del año en la que fácilmente se puede caer en una especie de letargo, en el clásico "no tengo ganas de hacer nada" o en estados depresivos. Hablando del medio que nos rodea, es durante el invierno o inicios de la primavera cuando predomina más la energía de la tierra y ésta tiende a acumularse en nuestro sistema. Por eso, cuando se agrava este elemento, fácilmente podemos caer en estados emocionales de letargo, pereza, falta de motivación o depresión. Entonces, lo que podemos hacer es:

- Pararse temprano, entre seis y ocho de la mañana, hacer una rutina de ejercicio aeróbico, ya sea correr, jugar basquetbol o practicar un tipo de yoga vigoroso como el *ashtanga vinyasa yoga* o el *kundalini yoga*.
- Brincar, saltar, correr. Tomar un masaje vigoroso con aceite caliente de mostaza o de ajonjolí le puede beneficiar a *kapha*, a quien también le viene bien la aromaterapia de eucalipto, salvia, romero, canela, los baños de vapor, el temazcal, el sauna, actividades que le estimulen.
- Vestir colores brillantes como el rojo, el amarillo, el gris. Usar metales como el oro, o piedras preciosas como el ojo de gato, coral, rubí, diamantes o esmeralda.
- La respiración de fuego y la respiración *bhastrika pranayama* le ayudarán a reactivarse en cualquier momento.

Respiración para la energía

A esta respiración se le conoce como *bhastrika pranayama*:

1. Siéntate en una postura cómoda, ya sea con las piernas cruzadas o sobre una silla y con la espalda recta.
2. Mantén la cabeza y la espalda derecha, cierra los ojos y relaja todo tu cuerpo.

3. Exhala llevando el ombligo hacia la columna vertebral y continúa con este bombeo durante 10 exhalaciones más. No te preocupes por inhalar, que eso sucederá automáticamente.

Al terminar las 10 respiraciones inhala profundo, suspende la respiración cinco segundos y exhala muy lentamente. Esto es una ronda. Repite cinco veces más.

Contraindicaciones
No practiques esta respiración si padeces de presión alta, enfermedades del corazón, hernia, epilepsia o úlcera gástrica.

Beneficios
Esta práctica limpia y purifica las toxinas del organismo y masajea las vísceras, tonificando el sistema digestivo. Es muy recomendada también para aquellos que sufren de problemas en los pulmones o asma. Fortalece el sistema nervioso y brinda calor al cuerpo.

Alimentación

1. Sabor picante, amargo, astringente.
2. Comida tibia, ligera, seca.
3. Las especies picantes te ayudarán a erradicar la congestión del cuerpo.
4. Sobre todo en invierno y en primavera deberás evitar los productos lácteos, quesos derretidos y azúcares.

5. Es bueno agregar a los alimentos pimienta negra, jengibre seco, mostaza, clavo, canela.

6. Consumir verduras crudas como la espinaca y la arúgula.

7. El ayuno, ayuno intermitente o la monodieta funcionarán para desintoxicar el cuerpo, bajo previa supervisión médica.

8. Evitar las bebidas frías y los hielos.

9. Reducir la cantidad de alimentos que se consumen, y no mezclar muchos tipos de alimentos en una comida, para propiciar una digestión adecuada.

LA MAGIA DE LA VITALIDAD

La esencia de canela, romero, té verde, eucalipto, jengibre en forma de aromaterapia nos permitirán recuperar la energía de inmediato y nos ayudarán en el proceso de erradicar la pereza, la congestión, la depresión. Té de canela, jengibre fresco, clavo, cardamomo, pimienta gorda, té verde, matcha, también ayudan para equilibrarnos. La dieta es una pieza fundamental en el proceso de sacudirnos la tristeza, la falta de voluntad y el letargo.

ACTIVIDAD FÍSICA Y GENEROSIDAD

Procura hacer actividad física, aunque te cueste mucho trabajo, cinco veces a la semana, durante una hora. Una vez que has decidido algo, mantén una sola meta, pero sé lo suficientemente claro de no dejar espacio para no cumplirla o buscar pretextos. La consistencia y tenacidad serán fundamentales para lograrlo. Scott Blossom, experto en acupuntura y Ayurveda, me dijo una vez al respecto: "Las personas en quienes predomina la energía de *kapha* se sienten más cómodas entre más resueltas tengan sus necesidades económicas, y les gusta acumularlas aunque no las necesiten; así como acumulan peso y recuerdos, les gusta acumular bienes materiales. Por eso es que para *kapha* es importante hacer actividades que lo saquen de su zona de confort: ejercicio vigoroso, ayuno una vez a la semana, cantar, purificar el cuerpo con técnicas de desintoxicación y servicio comunitario al ayudar a las personas que han sufrido de desnutrición, falta de recursos o abuso. Tienen una capacidad innata de ayudar a otros y la satisfacción de ser amados y generosos con otros es muy valiosa y oro molido para ellos".[3]

Aromaterapia para la estimulación

Canela

Clavo

Jengibre

Eucalipto

Romero

Cardamomo

RECUPERANDO LA VOLUNTAD

Todas las mañanas, al levantame, agradezco la fuerza de vida que me dio la voluntad para pararme y meditar. Cada vez me queda más claro que lo primero que hay que hacer por la

---

[3] Comunicación personal.

mañana es pararse y darse un tiempo para escuchar el flujo de la respiración, sentir el cuerpo, agradecer y hacer conciencia del silencio.

En el confort y la comodidad respondemos de la misma forma ante la vida. Elegimos las mismas cosas, las mismas actividades y nos dejamos ir en el letargo, cayendo a veces en la mediocridad o en el despropósito.

En el proceso de escribir este libro, Javier Cuervo, un amigo de la familia, me preguntó: "¿Y qué pasa cuando has perdido la voluntad, cuando has perdido la pasión?" Hay quien tiene claridad sobre sus intenciones y propósitos, y que además tiene la suficiente energía y tierra para llevar a cabo esos proyectos. Hay quienes no la tienen. Es ese momento de apatía, letargo, estancamiento, en el que uno se rinde ante el confort de lo que lleva haciendo sin preguntarse si le satisface o no, se hacen las cosas de forma monótona porque de alguna manera funcionan. No hay voluntad de cambiar o de moverse. Entonces hay que conectar con lo que nos apasiona cuando no tenemos energía física, mental, ni emocional.

Cuando tenemos sobrepeso, letargo, depresión, nuestra voluntad se apaga. La vitalidad de la vida no existe y no está ahí para nosotros. En este sentido, es importante darnos cuenta de qué estamos comiendo y hacer un cambio radical en nuestra dieta. Porque si no encontramos nuestra vitalidad, propósito y voluntad, será muy difícil recuperarlos si tenemos una alimentación inadecuada. Por lo que mi primera recomendación es que hagas un ayuno de manzanas o de piña durante tres días, o que definitivamente por al menos 10 días dejes de comer carbohidratos simples (azúcares refinadas, harinas blancas, pastelitos y galletas), lácteos y grasas saturadas. Bebe mucho té de jengibre, sal a caminar a paso veloz tres veces por semana y observa el cambio, recupera tu presencia y tu voluntad. Dice mi maestro Guru Dev Singh que la voluntad es un accidente, una causa externa que te sucede cuando menos lo esperas y te hace despertar. El accidente puede ser leer un libro, un incidente en la carretera, una enfermedad, una charla con alguien que hace que recuperemos nuestra voluntad. Por ejemplo, mi amiga Mónica estaba cansada de trabajar por años en bienes raíces, su relación de pareja iba más o menos regular, más mal que bien. Finalmente sale un día de su casa cansada de lo que le viene y se estampa con el coche de adelante al pasarse un semáforo en rojo. Su coche queda destrozado, tiene que usar collarín por varios meses y en ese momento se da cuenta de que no quiere seguir ahí, que de los vendedores más prolíficos en la empresa, uno de ellos tiene marcapasos, el otro cáncer de colon y otra mujer gastritis aguda. En ese momento decide dejar su trabajo y empezar de nuevo. Hay accidentes o eventos que nos hacen despertar.

Para recuperar la voluntad y conectar con nuestro propósito y visión, si estamos estancados o entumecidos, es necesario reactivarnos, y para eso hay que estimular el sistema a través del elemento fuego. No creamos que no tenemos fuerza de voluntad, porque sería como creer que no tenemos huesos, como dice Jeff Haden. Más gruesos o más delgados, todos los tenemos y también podemos fortalecer la voluntad. Entre más la usemos, más se fortalecerá.

Para recuperar la voluntad, Haden propone:

1. Propiciar una vida en la que no tengas que tomar tantas decisiones. Si quieres consumir menos azúcar, sólo ten una opción de postre que tenga la menor cantidad de azúcar; si quieres estar menos distraído con tu teléfono, apaga todas las notificaciones; si quieres reducir tus gastos, guarda tu tarjeta de crédito en tu casa.
2. Hacerse la vida fácil. Por ejemplo, dejar la ropa lista un día antes de usarla y planear las comidas de la semana son rutinas que ayudan en el proceso de mantener la voluntad.
3. Hacer la actividad más complicada del día en la mañana y apagar todos los aparatos electrónicos para terminarla pronto.

Comprendo que hay momentos en que ni siquiera tenemos fuerza de voluntad para movernos, pero si nos sentamos en quietud, podemos encontrar algo que nos inspire, y de la inspiración podemos crear algo que se alinee con nosotros mismos, ir más allá de la energía intelectual. Al conectar con lo que nos inspira, podemos conectarnos con una visión y movernos poco a poco.

Meditación 8-8-8 antidepresión

Ésta es una meditación de la tradición de kundalini yoga. Para practicarla siéntate sobre una silla o con las piernas cruzadas. Lo importante es que tu columna vertebral se encuentre derecha para que puedas hacer la respiración más profunda y alinearte energéticamente.

Ahora estira tus brazos y pon las manos sobre las rodillas. Junta el dedo pulgar con el dedo índice y estira el resto de los dedos. Cierra los ojos. Observa por un momento el flujo natural de tu respiración. Pon tu atención en la zona del entrecejo. Después de unos momentos, inhala expandiendo tu abdomen en ocho tiempos, retén la respiración por ocho tiempos y muy lentamente saca el aire en ocho tiempos. Continúa por 11 minutos y después descansa sobre tu espalda. Verás que te sentirás muy tranquilo y estable. Poco a poco, cuando aumente la capacidad de tu diafragma, puedes aumentar los tiempos e inhalar, retener y exhalar en 15 o 20 tiempos. Practícala por 40 días.

Salte de tu zona de confort.
Haz algo diferente.
Lee algo que normalmente no lees.
Pide algo en el menú que no es lo que
siempre comes.
Viaja a un lugar distinto.
Pasa más tiempo haciendo algo creativo.
Encuentra tu propósito.
El cambio es tu combustible.

Ejercicio en marcha

Swami Ramacharaka nos comparte esta respiración en movimiento:

Camina con paso mesurado, la cabeza alta y los hombros atrás. Inhala en una respiración completa, contando mentalmente hasta ocho, un número a cada paso. Exhala lentamente por las fosas nasales, contando hasta ocho, un número a cada paso. Descansa entre respiraciones sin detener la marcha, contando hasta ocho, un número por cada paso. Repite por al menos cinco minutos y descansa.

ALIMENTACIÓN

El cuerpo es nuestro vehículo más visible y evidente, maquinaria perfecta que funciona automáticamente, con capacidad de regenerarse por sí mismo. A nuestro automóvil le damos la mejor gasolina, sin embargo, con nuestro cuerpo no siempre procedemos de igual manera.

Regresemos con nuestra imaginación por un momento a los tiempos de las cavernas, cuando apenas se ha descubierto el fuego. No hay coches, no hay tecnología, no hay dinero, no hay nada más que árboles y casas construidas con los materiales que obtenían las personas de la naturaleza: madera, piedras, ramas. La alimentación se basaba en plantas y eventualmente animales, pero era todo un circuito natural dentro de una natural cadena alimenticia.

Cada árbol y montaña, las nubes, el riachuelo, reflejan la luz del universo.

Cuando observamos la belleza de un riachuelo a la luz del sol, o probamos el néctar de un durazno maduro, cuando nuestra piel es acariciada por el viento o nuestras fosas nasales experimentan la fragancia de una flor, estamos experimentando la experiencia de los elementos. La tierra es nuestro cuerpo físico, el agua su fluido; el fuego los ácidos y las enzimas del cuerpo; el aire es el prana y la respiración; el espacio es la vibración de todos los sistemas juntos. Guardamos la memoria de los cinco elementos en nuestro cuerpo físico. La memoria de la tierra se guarda en el corazón; la del agua en los riñones; la memoria del fuego en los intestinos; la memoria del aire en los pulmones; la memoria del espacio es guardada en el cerebro.[4]

El meollo del asunto es que al final nuestro cuerpo se alimenta de *prana*. *Prana* es un término en sánscrito que significa "energía vital". Esta energía vital nos la ofrecen los alimentos que crecen en la tierra. Una manzana que vive en un árbol, un árbol plantado en una tierra libre de químicos y fertilizantes, un árbol que habita en un campo y que recibe los minerales de la tierra. La tierra recibe el agua de la lluvia del cielo y la energía del sol. ¿A qué crees que te sepa esa manzana?, ¿cómo crees que la reciba el cuerpo de la persona que se come esa manzana?

Ahora imagina esto: una manzana que vive en un árbol. Un árbol plantado en una tierra que ha recibido por cientos de años fertilizantes y químicos. Una manzana que luego va en

---

[4] Maya Tiwari, *A Life of Balance*, p. 150.

un camión con cientos de manzanas para llegar a una fábrica. Una manzana que se vuelve jugo y a la que le añaden azúcar, químicos, conservadores. ¿Cómo crees que la reciba el cuerpo de la persona que se come esa manzana?

Lo que pasa es que en el mundo ajetreado en el que vivimos no tenemos tiempo. Entonces en lugar de hacernos un puré de manzana, mejor compramos una lata de puré. Mucho más fácil, perdemos menos tiempo. Como no tenemos tiempo de preparar comida, mejor nos calentamos una sopa en el microondas y la comemos, mientras hacemos 20 cosas más. Pero ¿realmente nos estamos alimentando? o nos estamos intoxicando.

El punto no es nunca más volver a comer algo que viene empaquetado, pero sí darnos cuenta y dejar esas ocasiones en las que no queda de otra para darnos esos gustos.

En esta época, 80% de nuestro tiempo comemos cosas que no nos nutren y 20% alimentos que sí lo hacen. ¿Por qué no le damos la vuelta al porcentaje? Comamos 80% de alimentos que nos nutren y el resto nos damos el gusto para ese delicioso croissant o para beber una malteada de chocolate o un pequeño trozo de pastel.

Estar presentes con nuestro cuerpo es escuchar lo que nos dice y detenernos para tomar la decisión correcta que nos dé vida, no que nos la quite.

❖

Éste es el entorno, nosotros decidimos qué comer y qué no.

❖

Comer bien y nutrirnos bien puede ser tan fácil como hacernos tiempo para comer alimentos enteros, leguminosas, frutas, verduras, granos, semillas. Si uno pone a germinar leguminosas, en tres días tendrá las semillas germinadas con grandes dosis de proteína vegetal, que tiene muchos más beneficios que la proteína animal y cuesta muchísimo menos. Podemos comer esas leguminosas con aguacate, aceite de olivo prensado en frío y unas rodajas de jitomate sobre una galleta de arroz y tener un alimento completamente sustancioso y saludable que nutrirá nuestro cuerpo y nuestros sentidos.

HÁBITOS PARA BAJAR DE PESO

El tema con el peso es que hay que entender que no podemos comer la misma cantidad de alimentos que cuando teníamos 15 años y digeríamos hasta las piedras.

Conforme envejecemos nuestro metabolismo se vuelve más lento, y es más difícil bajar de peso. Por eso es preferible tener buenos hábitos alimenticios y no hacer dietas.

Así que mi recomendación es la siguiente:

1. Come carbohidratos sólo una vez al día. De preferencia carbohidratos complejos como el arroz, la avena, las tortillas, y evita los carbohidratos simples, como el azúcar refinada, las harinas blancas y los panecitos empaquetados.
2. Evita consumir alimentos fritos y grasas saturadas que se vuelven difíciles de procesar. No hay de otra, para mantener tu peso y tu salud, erradica este tipo de alimentos de tu dieta. De unas papas fritas a un taco de aguacate,

elige el taco de aguacate, mucho más nutritivo y con grasas buenas para el organismo, y en especial para el cerebro.

3. Evita los lácteos, sobre todo los quesos manchego, amarillo, la leche y el yogurt. Evita el consumo de embutidos, prefiere la leche de almendra hecha en casa y prueba comer un potaje de verduras con jengibre.

4. Evita seguir las dietas de moda porque pueden ser muy bajas en calorías totales y además corremos el riesgo de tener un rebote una vez terminada la misma.

5. Reduce el consumo de alcohol.

6. Aumenta el consumo de proteína para preservar la masa muscular magra y para sentirte lleno por más tiempo.

7. Usa especias en la comida como chile, pimienta de cayena, jengibre, ajo.

8. Toma té verde y matcha, que aumentan el metabolismo.

9. Reduce la cantidad de alimentos que consumes. En lugar de comer tres tortillas, come dos y luego una. No te vas a morir de hambre. No necesitas comer más de lo que te cabe en tus dos manos si las juntas a manera de tazón.

10. Come despacio y pon atención al comer, así te darás cuenta de que no necesitas comer tanto.

Para mantener tu energía

Evita alimentos que reducen la energía:
Los alimentos que nos producen letargo (alimentos tamásicos), como todos los embutidos, carnes y alimentos con químicos y conservadores.

Consume alimentos que nos dan energía:

Los que nos dan energía (alimentos rajásicos), como la cebolla, el jengibre, el chile y el ajo, el agua y los frutos que crecen fuera de la tierra, como por ejemplo la naranja, el higo, la manzana.

CUANDO NADA MÁS FUNCIONA, AVIÉNTATE DEL PARACAÍDAS

Cuando estés deprimido y necesites una terapia que te sacuda, hay que decir que sí al movimiento extremo y a la experiencia de aventarte del paracaídas. La vida siempre tiene formas inesperadas de darnos enseñanzas cuando estamos dispuestos a salir de nuestra zona de confort y aventurarnos.

Hace unos días, un amigo me invitó a verlo tirarse de un avión en paracaídas y luego me invitó a que me aventara yo también. De inmediato le dije que no, que muchas gracias. Pero conforme pasaron las horas y los días, mi hijo me animó a intentarlo, y aunque no era algo que estuviera en mi lista de deseos, decidí aceptar.

Llegamos a Cuautla un domingo por la mañana y tuvimos que esperar por más de dos horas antes de iniciar la preparación para el vuelo. Conforme pasó el tiempo, empecé a darme cuenta de que estaba absolutamente aterrorizada. Sabía que los riesgos eran mínimos, pero me preocupaba mucho el momento del aterrizaje. ¿Y si me rompía una pierna o me lastimaba la columna vertebral?

Mi amigo me insistió que siguiera mi intuición y que si no quería subirme, no lo hiciera. Entonces me fui a caminar por unos momentos y a observar mis sensaciones. En ese momento me di cuenta de que si no lo hacía, luego me arrepentiría y por otro lado, supe que la vida me estaba poniendo frente a una prueba. Acepté que tenía miedo, pavor, y que lo mejor que podía hacer era enfrentarlo, liberarlo, soltarlo. Así que regresé con valentía y me concentré en mantenerme relajada, respirar y seguir la instrucción de hacer un arco en el momento de tirarme del avión.

En ese momento conscientemente dejé de pensar. Me subí a la avioneta en un acto de confianza sin ver por la ventana ni pensar que poco a poco pasaban los minutos y cada vez subíamos más alto hasta alcanzar los 17 000 pies. Mi instructor Abraham me cuidó todo el tiempo; al llegar el momento de lanzarme, cerré los ojos y, a la cuenta de tres, simplemente hice mi arco y nos lanzamos al vacío a una velocidad de 200 km por hora durante un minuto completo. Como en realidad no estaba tan interesada en ver por el terror de la altura, por mucho tiempo cerré los ojos ya en el aire y me concentré en respirar y mantenerme relajada, atenta a todas y cada una de mis sensaciones, sin permitir por un segundo el acceso a mi pensamiento. Así pude ir a través de esta experiencia de presencia extrema procurando una confianza absoluta y pude hacer algo que para mí ni siquiera tenía un espacio en mi imaginación. Al final fue una experiencia de gozo total y de un profundo amor por la vida.

Respiración para la vitalidad

Siéntate con las piernas cruzadas y la espalda recta. Cierra los ojos un momento y simplemente observa tu respiración.

Relaja los hombros y la zona de la cadera. Relaja los ojos y la mandíbula. Ahora pon la boca en forma de "O" y lentamente toma aire por la boca. Retén el aire cinco segundos y exhala muy lentamente sacando el aire por la nariz. Repite este procedimiento ocho veces con mucha calma y luego quédate con los ojos cerrados unos minutos. Luego toma un vaso con agua y listo, te sentirás totalmente renovado.

LIBERA TU CONGESTIÓN

Azúcares, harinas refinadas y lácteos son algunos de los causantes de la congestión, el letargo, la gripe y la inflamación. Evita consumirlos, sobre todo si padeces de gripe, letargo o sobrepeso y practica la siguiente respiración:

Respiración para fortalecer el sistema inmunológico

Comienza sentado sobre una silla o con las piernas cruzadas, apoya las manos sobre las rodillas. Por unos momentos inhala y exhala con suavidad por la nariz. Después saca la lengua lo más afuera que te sea posible. Comienza a inhalar y a exhalar rápidamente por la boca bombeando el punto del ombligo. Es importante que en la exhalación se expanda el ombligo y en la inhalación se hunda hacia la columna vertebral. Sigue durante 50 respiraciones, inhala, retén el aire dentro cinco segundos, exhala lento y relájate.

SACUDIRSE LA DEPRESIÓN

Respirar, dejarme abrazar por el cielo, abrir los brazos y mover el cuerpo son suficientes para cambiar mi energía y salir del espacio de la depresión. Requiere unos segundos tomar la decisión y hacer algo para salir de un estado de depresión, pesadez o de letargo, siempre y cuando la depresión no sea un síntoma crónico en nuestra vida.

Cuando hay depresión es importante que hagas un cambio en tu alimentación. Evita comer alimentos que te hagan sentir pesado y deprimido como las carnes, embutidos, lácteos y productos que tengan químicos o conservadores. Prefiere comer alimentos frescos como frutas, verduras y granos. Toma al menos un litro de agua durante el día. Si no te gusta el sabor del agua natural, agrega unas rebanadas de manzana o de naranja a la misma.

Tips para salir de la depresión

1. Cambiar de espacio físico. Si estás en un cuarto irte a otro.

2. Ir al exterior, tomar cinco respiraciones profundas y ver el cielo.

3. Tomar un vaso de agua.

4. Salir a caminar.

5. Darse una ducha, de preferencia con agua tibia o fría.

6. Meter los pies en una tina con agua fría.

7. Prepararse un té de jengibre fresco muy picoso y agregar miel de agave.

8. Comerse un chile verde a mordidas o una sopa muy picante.

9. Inhalar y subir los brazos hasta juntar las palmas de las manos y exhalar al bajarlas. Repetir cinco veces.

10. Frotar las palmas de las manos con rapidez y luego apoyar las manos sobre los ojos. Respirar y al hacerlo sentir cómo se respira con todas las partes del cuerpo.

11. Pedir ayuda a algún familiar o amigo para que juntos hagan alguna actividad física.

Si quieres hacer estos ejercicios, visita el blog www.anapauladominguez.mx

Respiración antifatiga / depresión

A esta ejercicio se le llama "singh praan mudra"[5] Nos sentamos sobre los talones y si no es posible, nos sentamos sobre una silla con las piernas cruzadas. Subimos los brazos a los lados del cuerpo en un ángulo de 60 grados. Los cuatro dedos, con excepción del pulgar, descansan sobre los montículos de las manos y los dedos pulgares están estirados. Abrimos la boca y sacamos la lengua. Durante tres minutos bombeamos el punto del ombligo. No hacemos la respiración de fuego, ya que la respiración sucederá por si sola. Para terminar inhalamos y sostenemos el

[5] Harijot Kaur Khalsa, *Physical Wisdom*, p. 35.

aire dentro por 10 segundos, al mismo tiempo seguimos bombeando el punto del ombligo y luego exhalamos. Repetimos este último procedimiento tres veces más y descansamos.

Respiración para la energía

Respiración 4:1

Se inhala en cuatro tiempos y se exhala en un tiempo. Se sugiere practicarla a media mañana. Restaura y refresca todo el organismo y produce los mismos efectos que el café, sin el daño que éste produce. Tiempo de práctica: tres minutos.

REFLEXIONES

♦ ¿Sientes que tu voluntad está fortalecida o la has perdido?
♦ ¿Qué habito positivo podrías incluir en tu alimentación?
♦ ¿Qué actividad física te gustaría realizar para activarte?
♦ ¿Qué hábito o alimento estás dispuesto a reducir en tu dieta o a eliminar?

CONCLUSIONES

A lo largo de este libro he intentado compartir contigo la importancia de reconocer el entorno en el que vivimos, de comprender qué es lo que hay y de acercarte a la maravillosa oportunidad de aprehender la magia de estar presente.

Sabemos que no podemos cambiar el sistema de forma personal, pero que sí podemos elegir lo que nos funciona del sistema y qué no. Aprendimos grandes enseñanzas provenientes de la medicina Ayurveda y varias disciplinas que podemos usar en distintos momentos de la vida para recuperar nuestra presencia. Es posible hacer magia cuando decidimos salir del modo automático y recuperar nuestra presencia.

Me parece emocionante el hecho de saber que a través del autoconocimiento podemos ir conjugando alquímicamente los elementos para ir a través de la vida con los pies en la tierra y de forma integral. La flexibilidad es parte de este proceso, porque la vida es de colores.

A veces tenemos hábitos físicos y mentales muy arraigados y se puede volver complicado saber por dónde empezar, pero hagámoslo poco a poco, sin prisas. El primer paso es darnos cuenta en dónde estamos, qué nos funciona, qué nos está afectando, cómo podemos salir del dolor que nos aqueja. Para ello, es necesario sintonizar la mente, porque si no somos capaces de aquietar el proceso mental, la mente puede boicotearnos permanentemente.

Estoy terminando este libro. Es domingo y le expliqué a mi hijo Elías que estaría trabajando todo el día. Los dos leímos un rato, medité, sacamos a pasear a Osi, nuestra perrita Shitzu que parece Ewok, luego me puse a trabajar mientras él jugó un videojuego conectado con sus amigos. Más tarde salimos a pasear en bicicleta y regresamos a prepararnos de cenar. Termino con esto, porque me doy cuenta de que lo más valioso en la vida son los momentos que compartimos con nuestros seres queridos.

Ningún objeto que te hayas comprado ni el restaurante más elegante al que hayas ido, son tan valiosos como que estés presente en cada uno de esos instantes mágicos que la vida nos regala todo el tiempo. Sólo es cuestión de querer verlos, de querer estar, de no juzgar, de sentir y dejar pasar. De vivir. La vida es muy valiosa como para que la vivamos en automático.

La magia de estar presente tiene que ver con apreciar con apertura todo lo que es la vida, con sus retos, sus subidas y sus bajadas. Saber habitar nuestro cuerpo, con los pies en la tierra y con presencia, vale la pena. Ya estamos aquí.

QUE VENGA LA MAGIA

Que venga la vida plena.

Que seamos capaces de ver qué hábitos estamos repitiendo y recordemos que lo que repetimos es lo que creamos.

Que podamos ser lo suficientemente sensibles para platicarles a nuestros hijos, a nuestros niños, sobre la sociedad rara en la que vivimos, que poco a poco tiene que ir encontrando su cauce y su luz.

Que está en nuestras elecciones, en nuestros pensamientos y en nuestras acciones personales y sociales el tomar conciencia y ver lo sagrado que es la existencia y la vida humana.

Que valoramos y respetamos la vida.

Que estamos haciendo lo mejor que podemos; que se vale equivocarnos y no tenemos que probarle nada a nadie.

Que seamos compasivos con nosotros mismos.

Que tengamos apertura para salir a la vida con flexibilidad y una mirada fresca.

Que tengamos confianza en que nuestras necesidades están cubiertas.

Que la paz sea.

Que todos los seres en todos los rincones del mundo sean felices.

AGRADECIMIENTOS

Gracias infinitas:

A Fernanda Álvarez de Random House por tu confianza.

A mi mamá, mi familia, mis hermanas, mi hijo Elías y mis amigos que me han apoyado en el proceso de escribir este libro.

A mi hermana Gaby y al equipo (*super team*) del Instituto Mexicano de Yoga que me dieron el espacio para sostener la operación del mismo, dándome así la posibilidad de escribir este libro.

A mis maestros que me han enseñado tanto a lo largo del camino: Guru Dev Singh, Sadhu Singh, Dieter le Noir, Vasant Lad.

Gracias a mi primo Alejandro por enseñarme la importancia de cultivar la gratitud.

Gracias a Sabrina Herrera por guiarme en el proceso de entender el tema de la productividad y cómo lograr nuestros deseos.

Gracias a mis amigos y a todos los que me han apoyado en este proceso de escribir este libro.

Gracias a Scott Blossom, Coen Van Der Kroon, Fabián Fiorito, Federico Paz Miguens y Danielle Laporte, sus enseñanzas son únicas.

Gracias a Andrea Borbolla por compartir conmigo todo el tema de la productividad que me cambió la vida.

Gracias a Priscila Gutiérrez de Equilibrium Healing Resort, y a Mónica Jiménez por invitarme para inspirarme en el proceso final de escribir este libro.

Gracias a Gaby Güereña y a Humberto, sus terapias me apoyaron mucho para liberar el estrés.

Gracias a Javier Cuervo por recordarme no olvidar hablar del tema de la voluntad.

Gracias infinitas a Carmen de la Cruz, sin la que hubiera sido imposible escribir este libro, gracias por ser mi mano derecha en casa y ayudarme a cuidar a Elías.

Gracias a Alberto Ades por llevarme a explorar el mundo sufí y las enseñanzas de Gurdjieff.

Gracias a Kirtan y Guru Dev por su apoyo en el diseño gráfico de la portada y a Javier Poza por tu apoyo incondicional a través de los años, es un privilegio colaborar en tu programa.

ANEXO

A lo largo de todo el libro hablamos del Ayurveda y de las tres energías para estar en equilibrio: *vata*, *pitta* y *kapha*.

También existe la *dosha*, que es la constitución o energía dinámica, es decir, lo que se puede salir de control.

PRAKRUTI

Cuando nacemos, dependiendo del *dosha* o constitución de nuestros padres, de su alimentación, de la temporada del año en la que nacemos, podemos tener un determinado *prakruti*, es decir, un mayor porcentaje de *vata*, *pitta* o *kapha*. Cuando prevalece *vata* y estamos en equilibrio, nuestra constitución es delgada y somos creativos y libres. Cuando prevalece *pitta*, nuestra constitución es mediana y somos organizados y determinados. Cuando prevalece *kapha*, nuestra constitución es robusta y somos alegres, empáticos y generosos. No hay un *dosha* mejor que otro, ya que nuestra naturaleza es perfecta con nuestro *prakruti*. Ése es nuestro estado de equilibrio.

¿Cómo saber mi dosha?

Puedes tener una consulta con un médico ayurvédico, realizar el cuestionario ayurvédico que se adjunta a continuación o conocerlo a través de un proceso de autoobservación. Al final es mucho más importante conocer las cualidades y si éstas se encuentran agravadas o no para nivelarlas. Por ejemplo, si tengo un exceso de calor en el estómago manifestado como acidez, puedo evitar consumir alimentos de cualidad caliente, alcohol y fumar, y preferir tomar agua de coco o pepino para reestablecer el equilibrio.

Test para determinar tu constitución ayurvédica

1. Por favor marca la característica con la que te identifiques más.
2. Si te identificas con dos o más de las características, márcalas.
3. Trata de ser lo más honesto al contestar las preguntas.

CATEGORÍA	VATA		PITTA		KAPHA	
Complexión	Delgada	☐	Proporcionada	☐	Robusta	☐
Piel	Fría, seca, áspera	☐	Cálida y suave	☐	Gruesa, lisa, fresca	☐
Cabello	Delgado, seco, oscuro, ondulado	☐	Sedoso, rubio o rojizo, tendente a las canas	☐	Suave, abundante, grueso	☐
Dientes	Pequeños o muy grandes, tendencia a tener espacios, sensibles o chuecos	☐	Medianos	☐	Pequeños y fuertes; muy blancos	☐
Nariz	De forma irregular, puede estar desviada	☐	Mediana o respingada	☐	Redonda o grande	☐
Ojos	Pequeños, hundidos, oscuros, nerviosos	☐	Brillantes, penetrantes, sensibles a la luz	☐	Grandes y bellos, humectados	☐
Labios	Secos y delgados	☐	Rojos y medianos	☐	Pálidos, gruesos, suaves	☐
Forma de la cara	Angular y delgada	☐	Ovalada	☐	Redonda	☐
Cachetes	Hundidos y delgados	☐	Planos y suaves	☐	Redondos y rellenos	☐
Caderas	Delgadas	☐	Regulares	☐	Grandes	☐
Articulaciones	Frías, suenan los huesos	☐	Regulares	☐	Anchas y lubricadas	☐
Apetito	Irregular o poco	☐	Mucho, insoportable	☐	Poco pero constante	☐
Digestión	Irregular, gases	☐	Rápida, a veces acidez	☐	Prolongada, a veces mucosidad	☐
Sed	Cambiante	☐	Mucha	☐	Escasa	☐
Eliminación	Tendencia a estreñimiento	☐	Muy buena	☐	Lenta, gruesa, suave	☐

CATEGORÍA	VATA	PITTA	KAPHA
Actividad física	Hiperactividad	Moderada	Lenta, sedentaria
Habla	Mucha	Acertada	Poca
Actividad mental	Siempre activa	Moderada	Lenta
Emociones	Ansiedad, inseguridad	Impaciencia, enojo	Compasión, apego, calma
Emociones	Miedo, incertidumbre	Irritabilidad, celos, odio	Avaricia
Fe	Variable	Extremista	Consistente
Intelecto	Rápido pero no siempre asertivo	Respuestas inmediatas y acertadas	Lento pero seguro
Memoria	Buena si es reciente, pobre si es a largo plazo	Buena	Nunca olvida lo que aprende, pero tarda en memorizar
Modo de vida	Puedo ser errático: lo quiero hacer todo	Me gusta llevar una vida ocupada	Me gusta llevar una vida relajada y pacífica
Sueños	Rápidos, activos, muchos, a veces de miedo	De violencia, fuego, a colores; los recuerda	Lentos, sueños románticos o en la nieve
Sueños	Insomnio o duermo poco	Duermo profundo	Duermo mucho y profundo
Finanzas	Gasta en cosas baratas	Gasta en lujos	Ahorrativo
Preferencias	Clima caliente y bebidas calientes	Clima frío y bebidas frías	Clima templado
Expresión	Me gusta expresarme creativamente, puedo ser desordenado	Soy organizado y perfeccionista	Me tomo con calma las decisiones y disfruto de la vida sin prisas.

SUMA POR COLUMNAS LOS CUADROS MARCADOS: _____

El número más alto será tu *dosha* primario, el siguiente el secundario y el último el terciario. Puedes tener un empate en los *doshas*.

En realidad lo importante a través de la autoobservación es comprender nuestra naturaleza más allá de los *doshas* y tomar así las mejores decisiones en cuanto a nuestro estilo de vida, alimentación y rutina diaria.

Los *doshas* y las temporadas del año

Los *doshas* que prevalecen en cada temporada del año son:

Vata: Aire y espacio. Otoño y principios del invierno.

Kapha: Agua y tierra. Finales del invierno y principios de la primavera.

Pitta: Fuego y Agua. Finales de la primavera y verano.

Los *doshas* y los horarios del día

Vata: 2-6 a.m. 2-6 p.m.

Pitta: 10 a.m.-2 p.m. 10 p.m.-2 a.m.

Kapha: 6-10 a.m. 6-10 p.m.

Los *doshas* y las edades de la vida

Vata: Vejez

Pitta: Edad adulta

Kapha: Niñez

Con esta información, regresa a los capítulos previos para que puedas visualizarte en tu *dosha* más predominante. Recuerda que no es algo definitivo, y que lo importante con todo esto es que tengas herramientas para descubrir la magia de estar presente.

ANA PAULA DOMÍNGUEZ PALOMERA

SOCIAL MEDIA
Facebook
Instagram
Twitter
@anapauyoga

BLOG: www.anapauladominguez.mx

MAIL: anapaula@yoga.com.mx

CURSOS Y CONTRATACIONES
info@yoga.com.mx

FUENTES Y RECOMENDACIONES

Programa en línea: La magia de estar presente
www.anapauladominguez.mx
anapaula@yoga.com.mx

Instituto Mexicano de Yoga
www.yoga.mx

Doctor Dieter le Noir
http://vallelapaz.org/us.php

Sat Nam Rasayan
www.gurudevsnr.com

Productos orgánicos
Kaypacha
https://www.kaypachaproductos.com/

Fundación Medita México
www.meditamexico.org

Detox Digital
Equilibrium Healing Resort
https://healinequilibrium.com/

Terapeuta
Gaby Güereña
322 117 9082
gmgabe@gmail.com

Doctor Vasant Lad
www.ayurveda.com

Tenzin Wangyal Rinpoche
www.ligmincha.org

Aromaterapia
Katina Díaz
katolin.diaz@gmail.com

Flores de Bach
Floresencias
www.floresencias.com

BIBLIOGRAFÍA

Bhajan y Singh Khalsa, *Respira vida*, Alamah, México, 2000.

Begley, Sharon, *Train Your Mind, Change your Brain: How a New Science Reveals Our Extraordinary Potential to Transform Ourselves*, Ballantine Books, Nueva York, 2007.

Brown, Brené, *The Gifts of Imperfection*, Hazelden Publishing, Minesota, 2010.

Byrne, Rhonda, *La magia*, Ediciones Urano, México, 2012.

Byron, Katie, *Loving What Is*, Three Rivers Press, Nueva York, 2002.

Childre, Doc Lew, *La inteligencia del corazón*, Ediciones Obelisco, México, 2018.

Cooper, Milton William, *Behold a Palehorse*, Phoenix Books, Phoenix, 1991.

Frawley, David, *Yoga & Ayurveda*, Lotus, Wisconsin, 1991.

Golub, Sarit, *Mindfulness*, Harvard, 2004.

Harris, Sam, "The Minimalism: A Documentary About the Important Things", en Netflix.

Hill, Napoleón, *Piense, hágase rico*, Grupo Editorial Tomo, México, 2016.

Kaur Khalsa, Harijot, *Physical Wisdom*, Kundalini Research Institute, Estados Unidos, 2018.

Lad, Vasant, *Textbook of Ayurveda*, The Ayurvedic Press, Nuevo México, 2002.

Langer, Ellen J., *Mindfulness*, Da Capo Press, Filadelfia, 2014.

Laporte, Danielle, *The Desire Map*, Sounds True, Colorado, 2014.

Prabhavananda, Swami y Christopher Isherwood, *How to Know God*, Vedanta Press, Los Ángeles, 1981.

Raichur, Pratima, *Ayurveda: Las mejores técnicas para conseguir una belleza verdadera*, Amat Editorial, Barcelona, 2012.

Ruiz, Miguel, *Los cuatro acuerdos*, Editorial Urano, México, 1997.

Salzberg, Sharon, *Lovingkindness*, Shambhala, Massachusetts, 1995.

Singh Khalsa, Guru Dev y Ambrosio Espinosa, *Sat Nam Rasayan, El arte de la curación*, Edizioni e/o, Roma, 2008.

Smalley, Susan y Diana Winston, *Fully Present: The Science, Art, and Practice of Mindfulness*, Lifelong Books, Filadelfia, 2010.

Svoboda, Robert, *Prakriti: Your Ayurvedic Constitution*, Lotus Press, Wisconsin, 2002.

Tiwari, Maya, *A Life of Balance*, Healing Arts Press, Rochester, 1995

Twist, Lyne, *The Soul of Money: Transforming Your Relationship with Money and Life*, W. W. Norton and Company, Nueva York, 2010.

La magia de estar presente de Ana Paula Domínguez
se terminó de imprimir en junio de 2019
en los talleres de
Litográfica Ingramex, S.A. de C.V.
Centeno 162-1, Col. Granjas Esmeralda, C.P. 09810,
Ciudad de México.